Driebanden biljart: Kleine tafel cirkelpatronen

Van professionele kampioentoernooien

Vergelijk jezelf met professionele spelers

Allan P. Sand
PBIA Gecertificeerde biljartinstructeur

ISBN 978-1-62505-269-8
PRINT 7x10
ISBN: 978-1-62505-412-8
PRINT 8.5x11

First edition

Published by Billiard Gods Productions.
Santa Clara, CA 95051
U.S.A.

For the latest information about books and videos, go to: http://www.billiardgods.com

Acknowledgements
Wei Chao created the software that was used to create these graphics.

Inhoudsopgave

Other books by the author …

    3 Cushion Billiards Championship Shots (a series)

    Carom Billiards: Some Riddles & Puzzles

    Carom Billiards: MORE Riddles & Puzzles

    Why Pool Hustlers Win

    Table Map Library

    Safety Toolbox

    Cue Ball Control Cheat Sheets

    Advanced Cue Ball Control Self-Testing Program

    Drills & Exercises for Pool & Pocket Billiards

    The Art of War versus The Art of Pool

    The Psychology of Losing – Tricks, Traps & Sharks

    The Art of Team Coaching

    The Art of Personal Competition

    The Art of Politics & Campaigning

    The Art of Marketing & Promotion

    Kitchen God's Guide for Single Guys

Invoering

Dit is een van de driebanden biljart die laten zien hoe professionele spelers beslissingen nemen, gebaseerd op de tafelindeling. Al deze tabelconfiguraties zijn afkomstig van internationale wedstrijden.

Deze tabelconfiguraties plaatsen je in het hoofd van de speler, te beginnen met de balposities (weergegeven in de eerste tabel). De indeling van de tweede tabel laat zien wat de speler heeft besloten te doen.

Over de tabelconfiguraties

Elke configuratie heeft twee tabelconfiguraties. De eerste tafel is de balposities. De tweede tafel is hoe de ballen op de tafel bewegen.

Dit zijn de drie ballen op tafel:

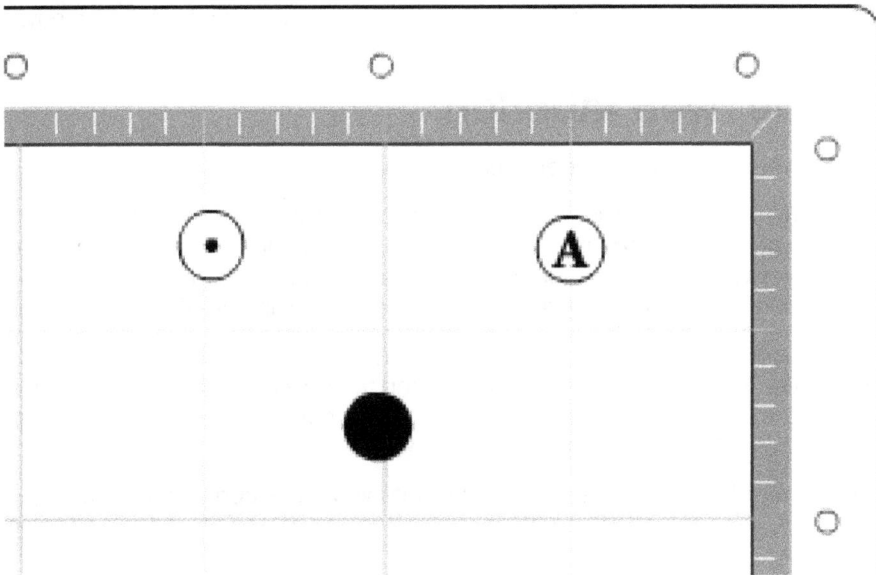

(A) (CB) (uw biljartbal)

(•) (OB) (tegenstander biljartbal)

● (OB) (rode biljartbal)

Tabel opstelling instructies

Gebruik papierbandringen om de balposities te markeren (koop bij een kantoorwinkel).

Plaats een munt op elk biljartbanden dat de (CB) zal aanraken.

Vergelijk uw (CB) pad met de configuratie van de tweede tabel. Om te leren, hebt u mogelijk meerdere pogingen nodig. Stel na elke fout een aanpassing in en probeer het opnieuw totdat je succesvol bent.

Doel van de twee tabellen

Deze tabelconfiguraties zijn bedoeld voor twee doeleinden.

* Uw analyse - thuis kunt u overwegen hoe de configuratie in de eerste tabel moet worden afgespeeld. Vergelijk uw ideeën met het werkelijke patroon op de tweede tafel. Denk aan uw oplossing en overweeg opties. Vanuit de tweede tabel kunt u ook analyseren hoe u het patroon moet volgen. Speel de opstelling mentaal af en beslis hoe je succesvol kunt zijn.

* Oefen de tafelconfiguratie - plaats de ballen op hun plaats, volgens de eerste tabelconfiguratie. Probeer het tweede tabelpatroon te dupliceren. Je hebt misschien veel pogingen nodig voordat je de juiste manier vindt om te spelen. Dit is hoe je deze opstellingen kunt leren en spelen tijdens competities en toernooien.

De combinatie van mentale analyse en praktische oefening zal je een slimmere speler maken.

A: 1/4 tafel

De (CB) beweegt binnen een kwart van het tabelgebied. De (CB) komt van de eerste (OB) en in het lange biljartbanden, het korte biljartbanden en het andere lange biljartbanden. Vervolgens neemt de (CB) contact op met de tweede (OB).

Ⓐ (CB) (uw biljartbal) – ⊙ (OB) (tegenstander biljartbal) – ⬤ (OB) (rode biljartbal)

A: Groep 1

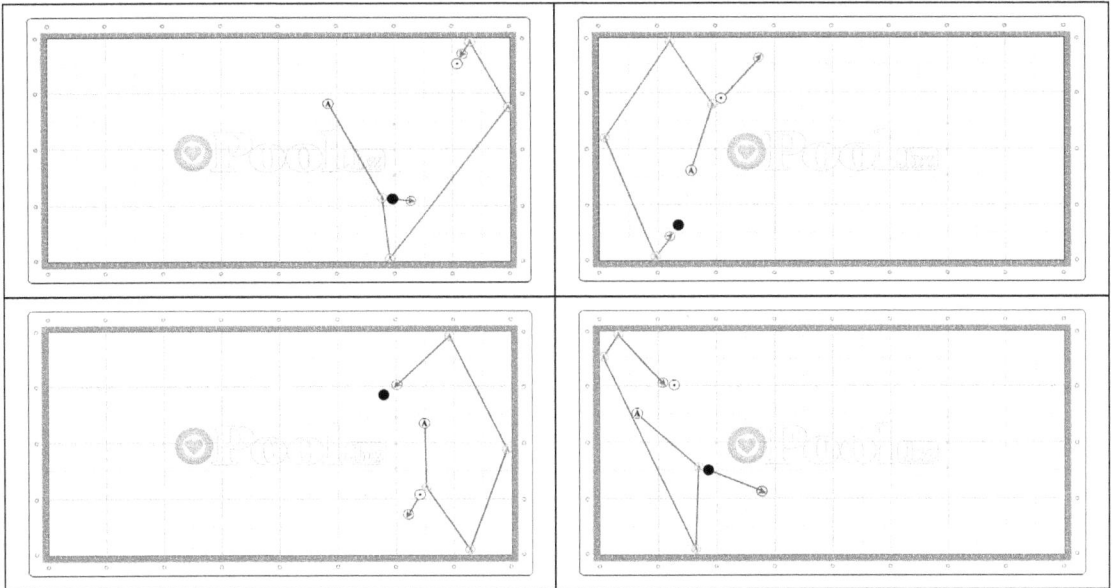

Analyse:

A:1a. _____

A:1b. _____

A:1c. _____

A:1d. _____

A:1a – Opstelling

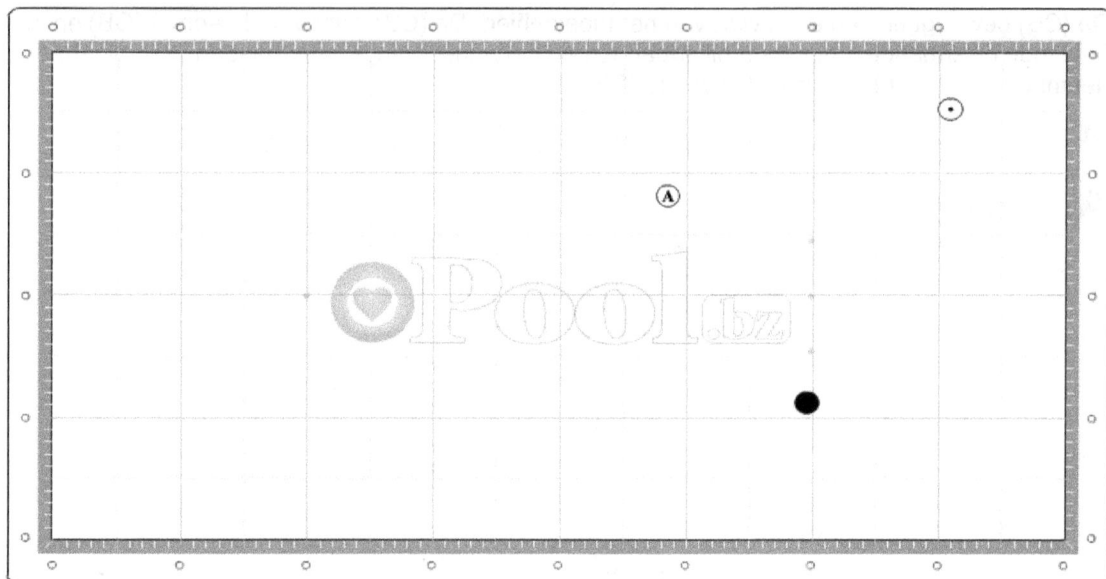

Opmerkingen en ideeën:

Schotpatroon

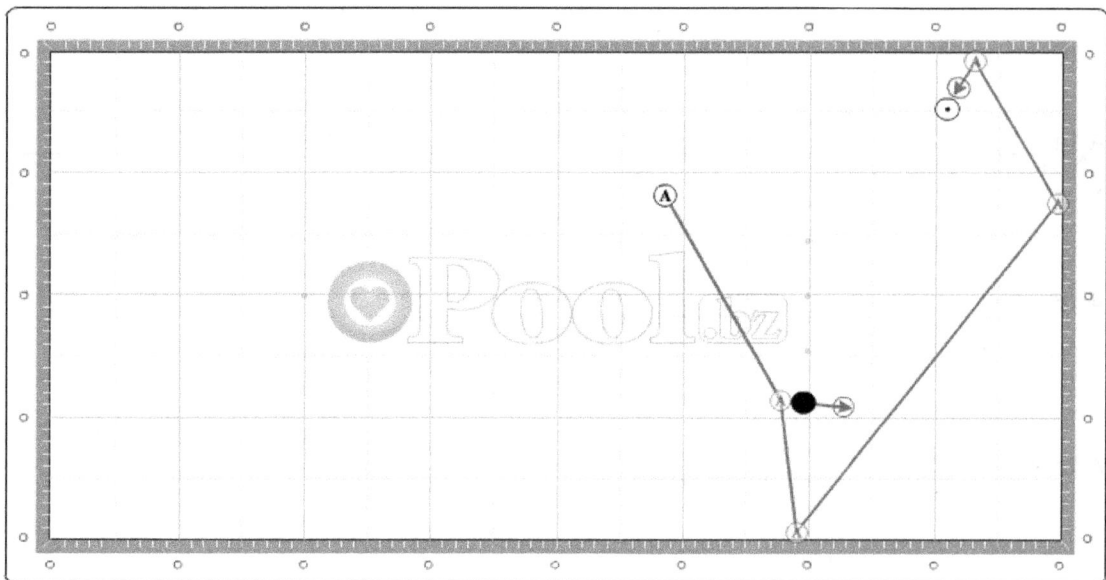

A:1b – Opstelling

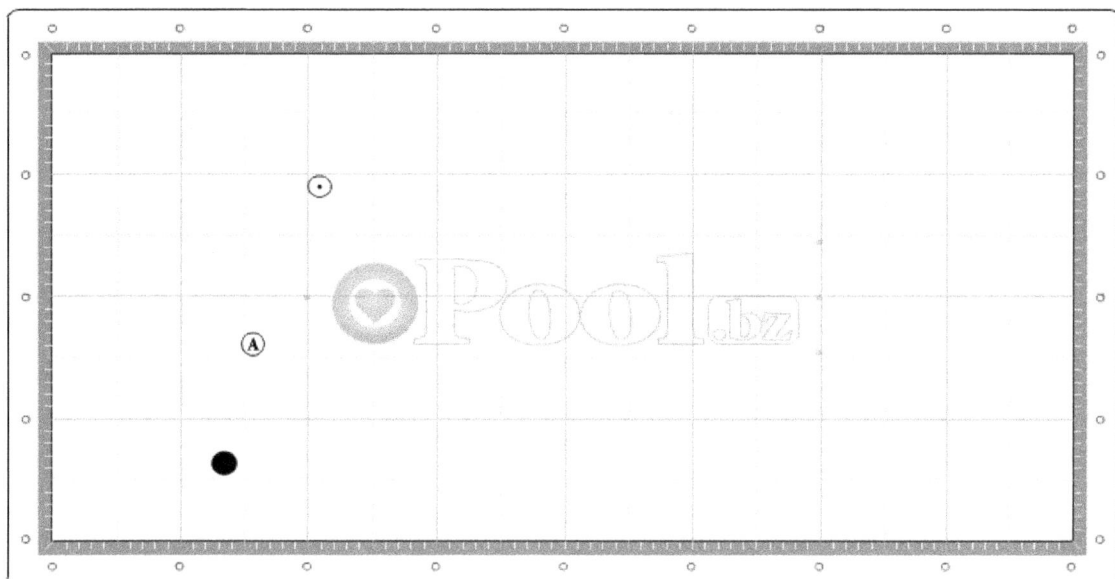

Opmerkingen en ideeën:

Schotpatroon

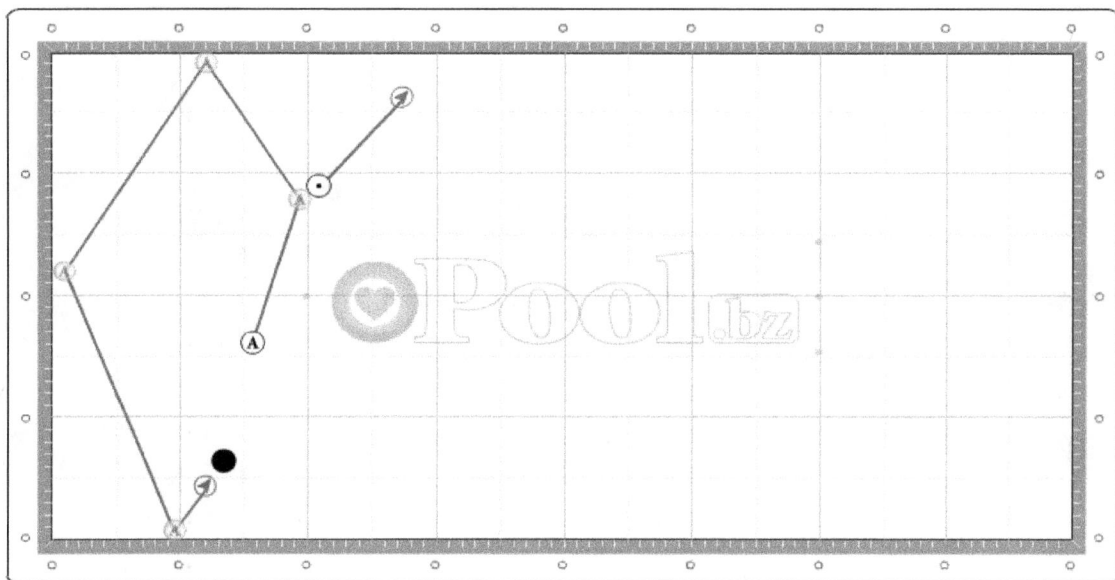

C:1c – Opstelling

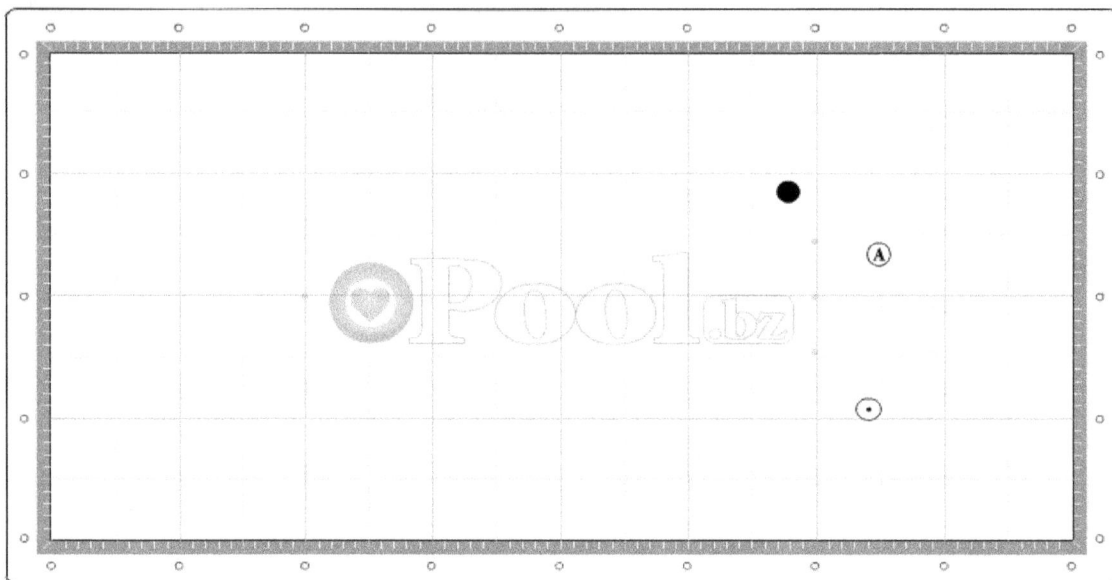

Opmerkingen en ideeën:

Schotpatroon

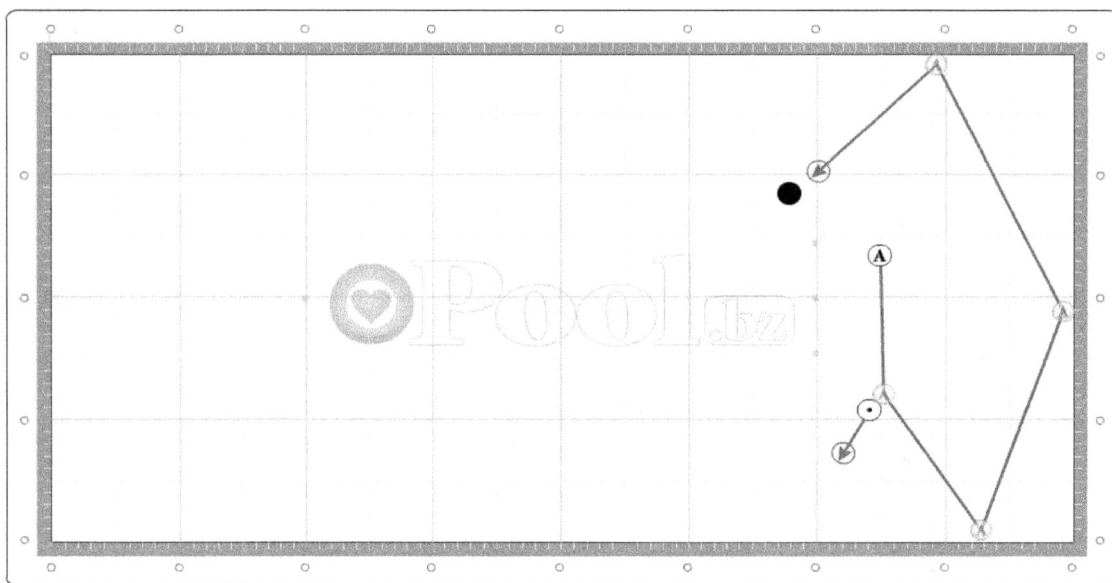

A:1d – Opstelling

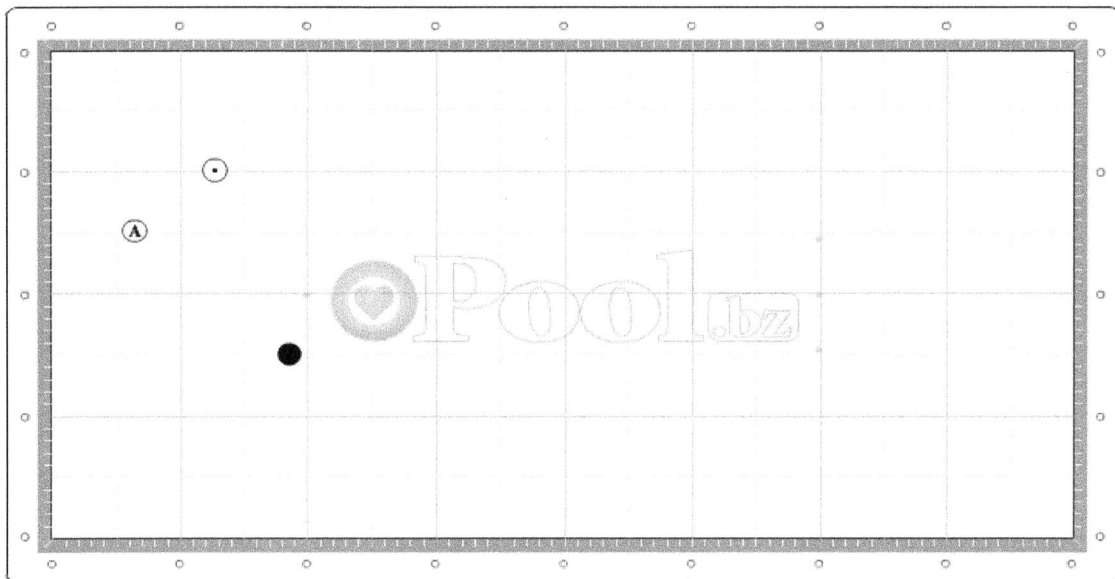

Opmerkingen en ideeën:

Schotpatroon

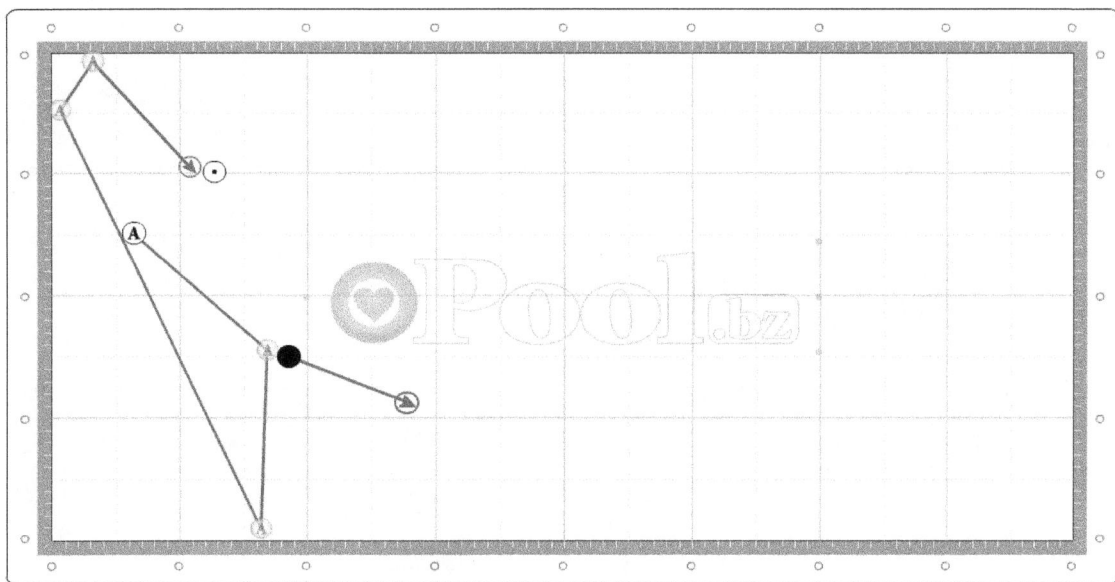

A: Groep 2

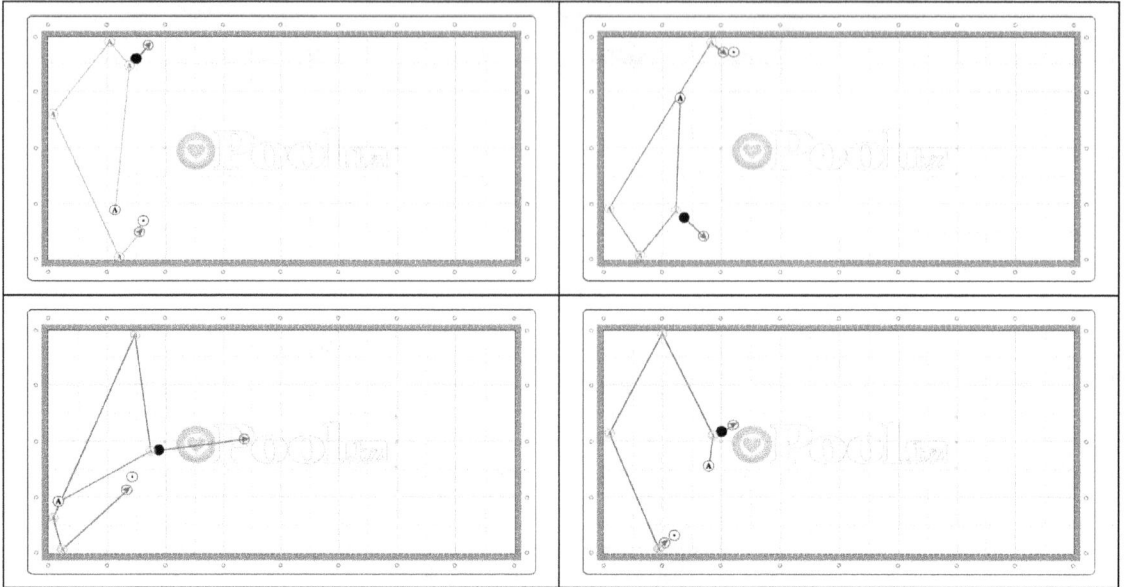

Analyse:

A:2a. _____

A:2b. _____

A:2c. _____

A:2d. _____

A:2a – Opstelling

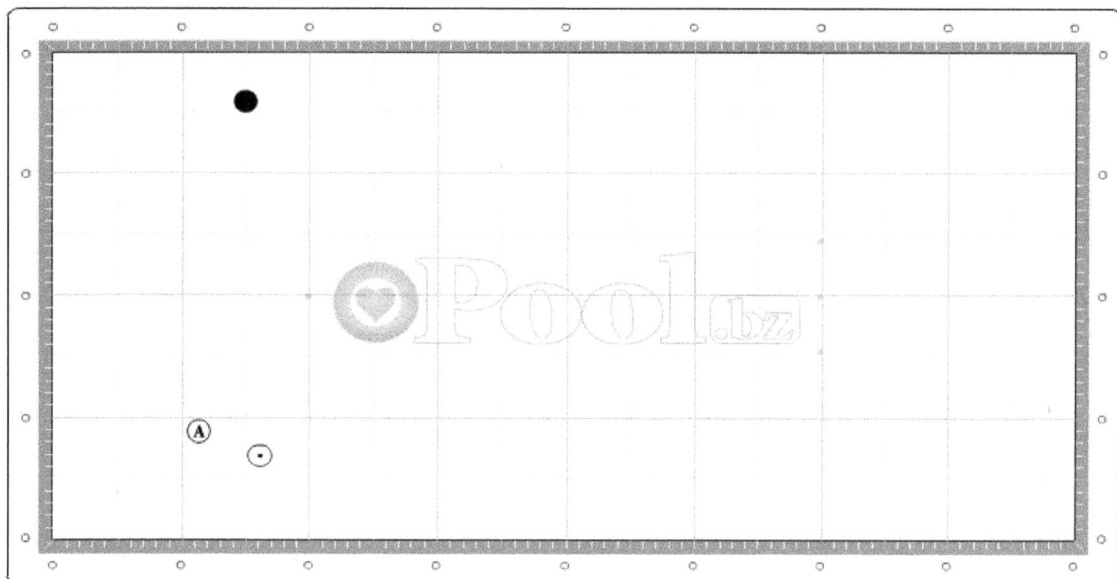

Opmerkingen en ideeën:

Schotpatroon

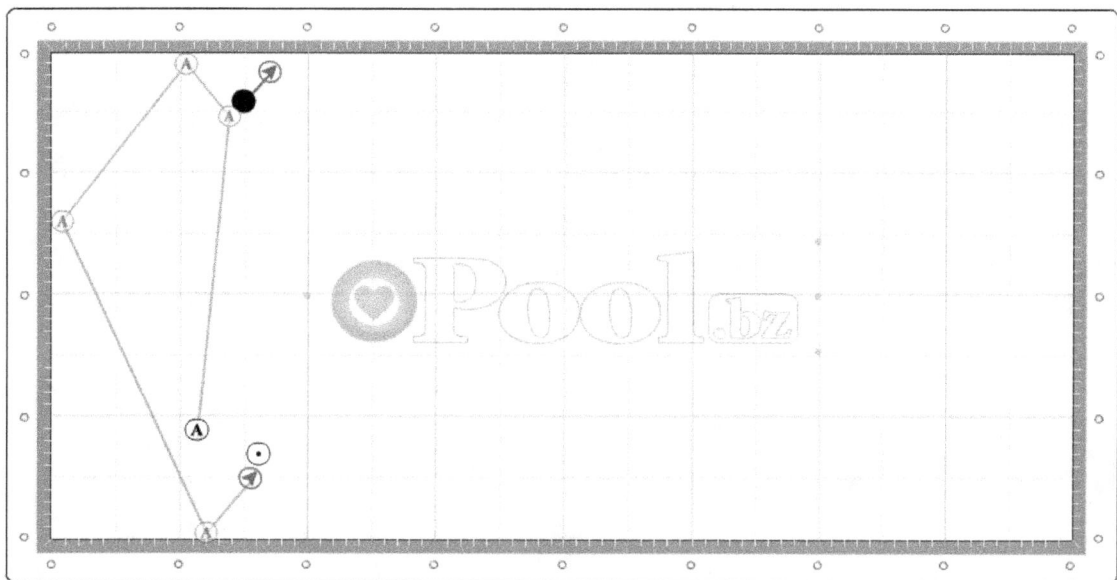

A:2b – Opstelling

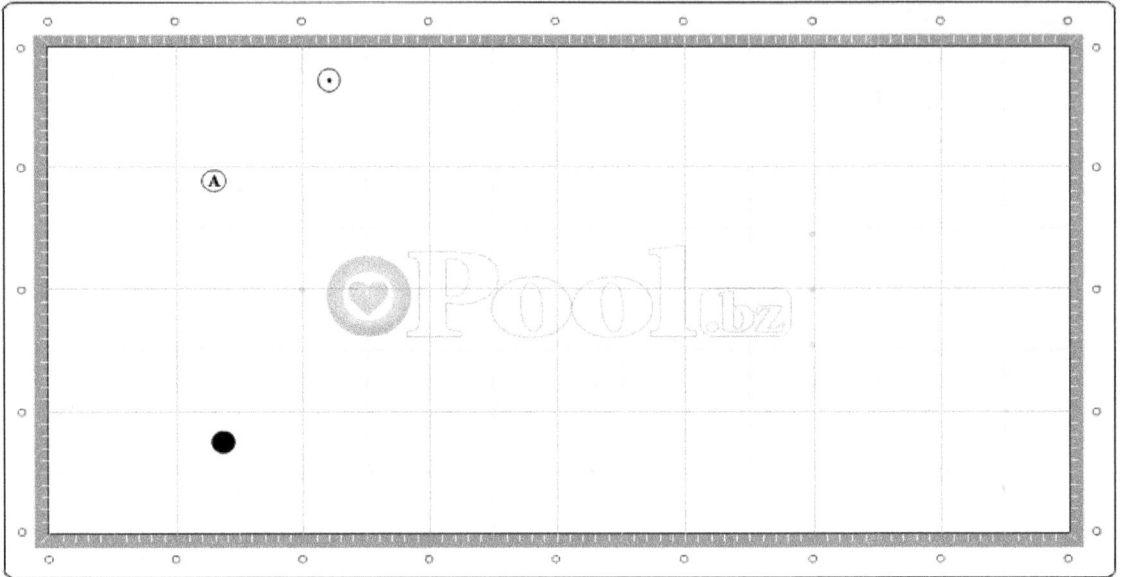

Opmerkingen en ideeën:

Schotpatroon

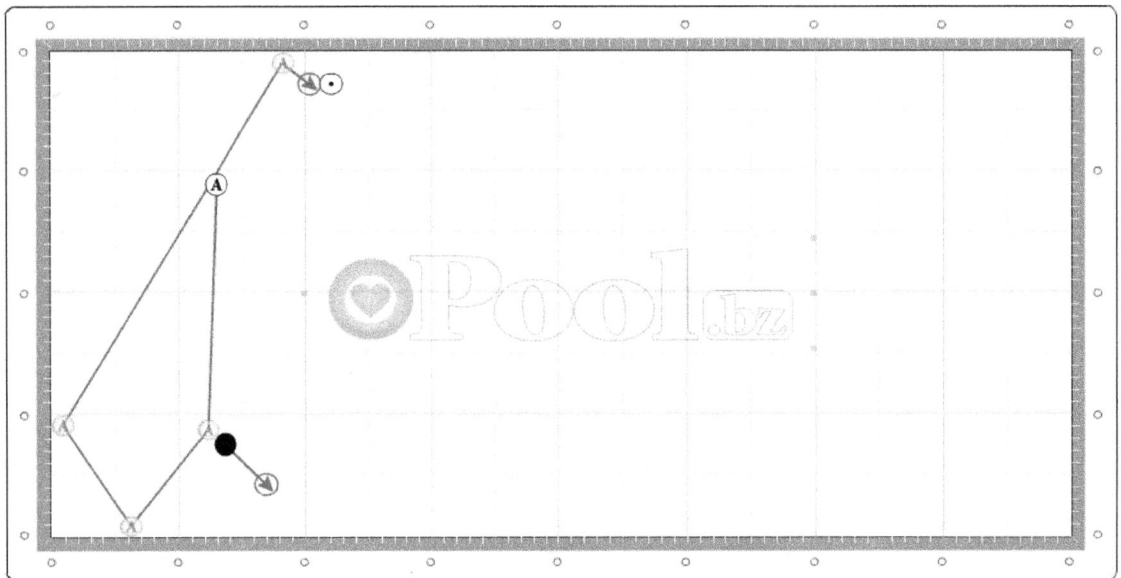

A:2c – Opstelling

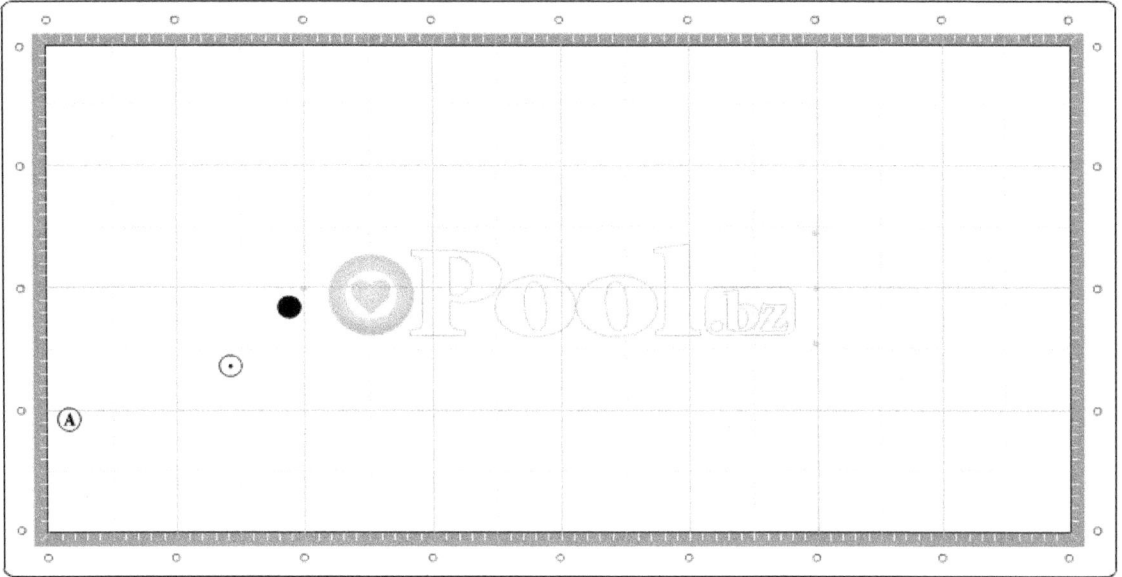

Opmerkingen en ideeën:

Schotpatroon

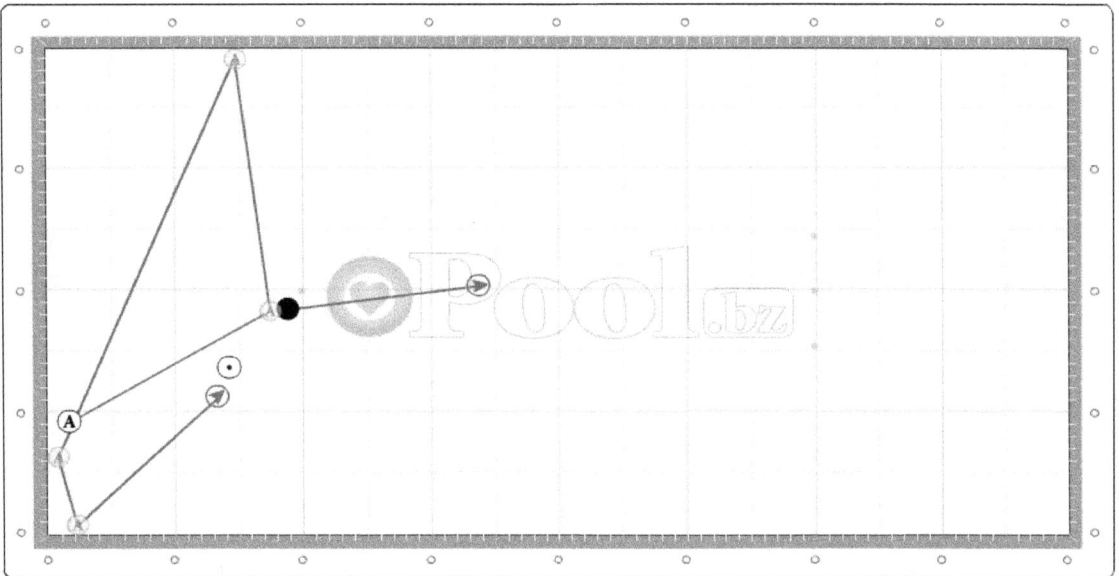

A:2d – Opstelling

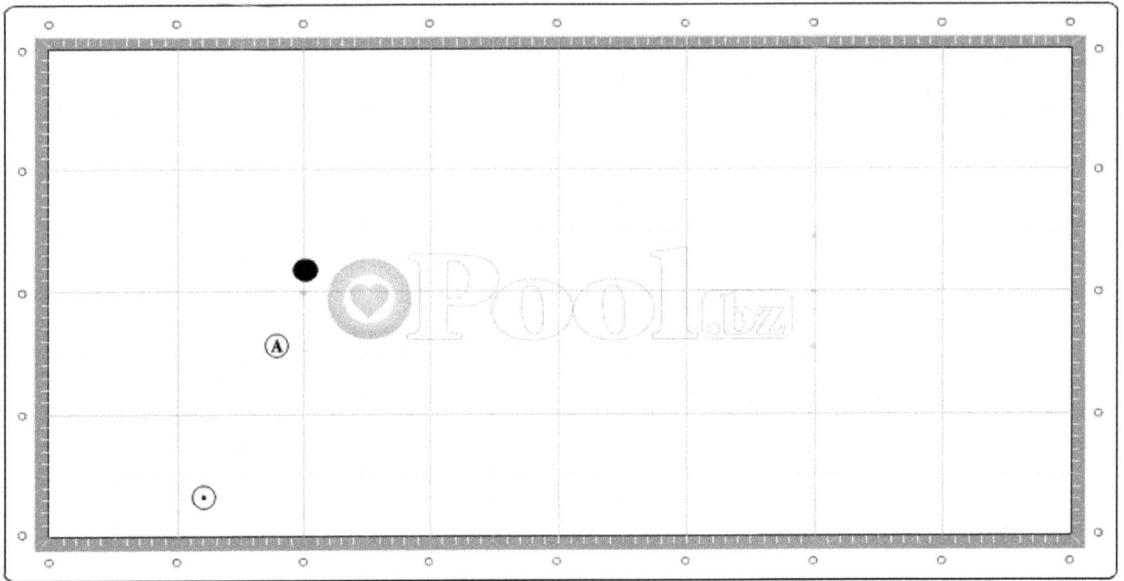

Opmerkingen en ideeën:

Schotpatroon

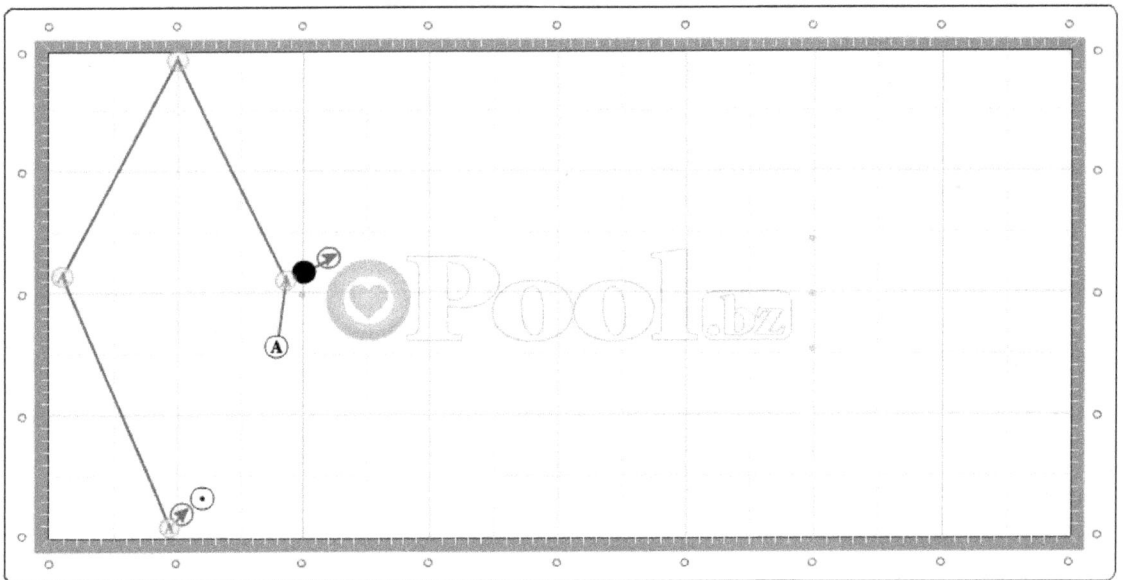

A: Groep 3

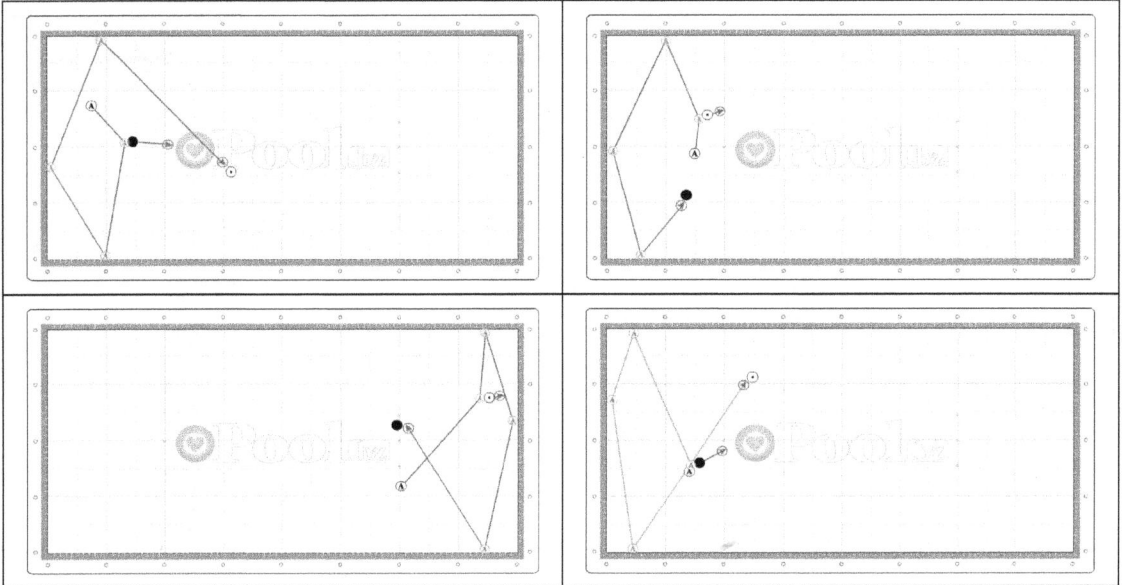

Analyse:

A:3a. _____

A:3b. _____

A:3c. _____

A:3d. _____

A:3 – Opstelling

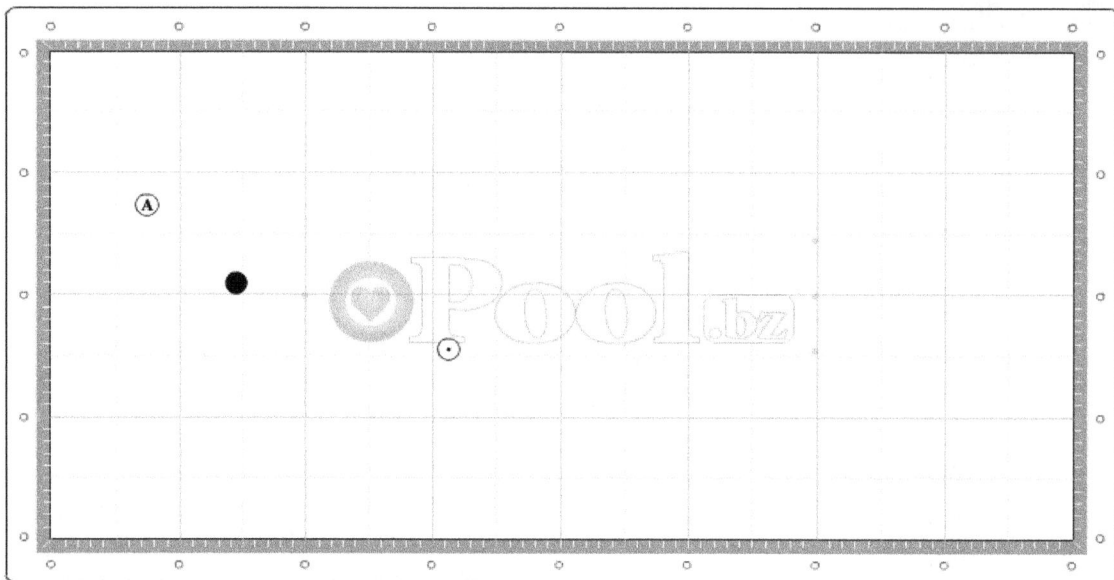

Opmerkingen en ideeën:

Schotpatroon

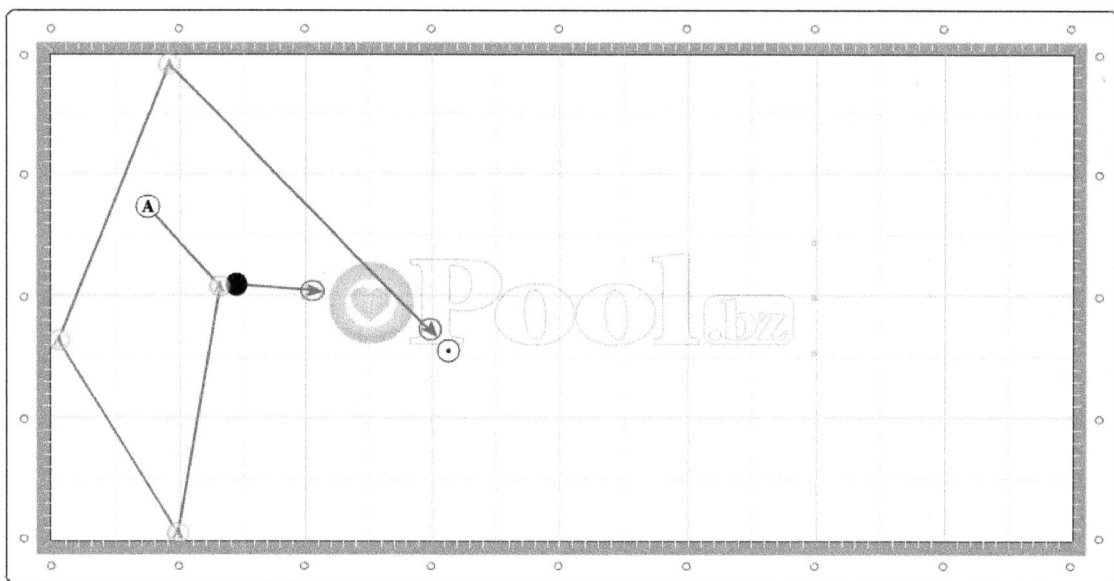

A:3b – Opstelling

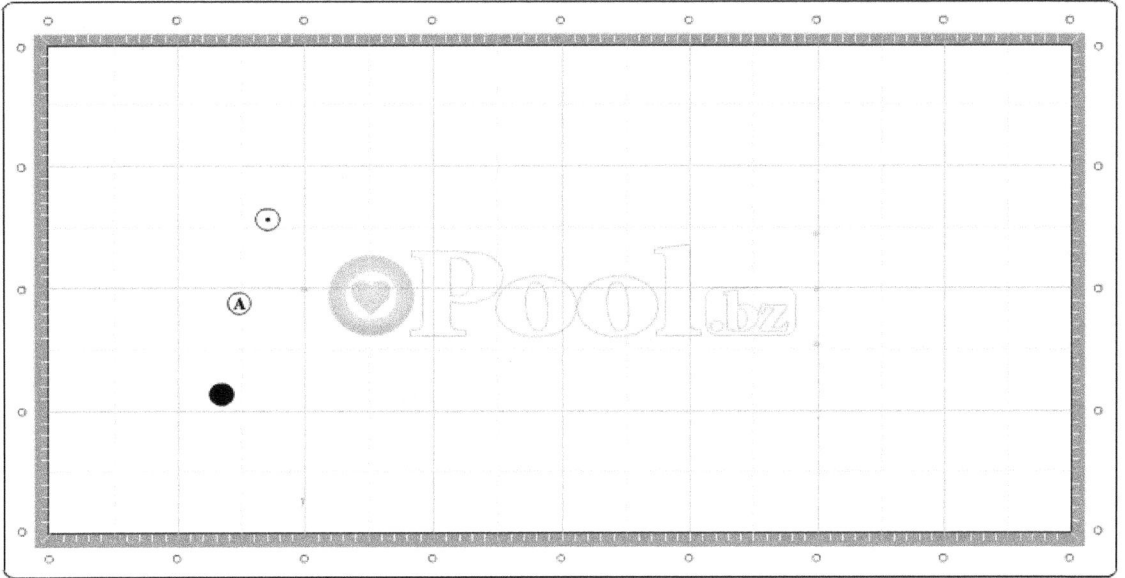

Opmerkingen en ideeën:

Schotpatroon

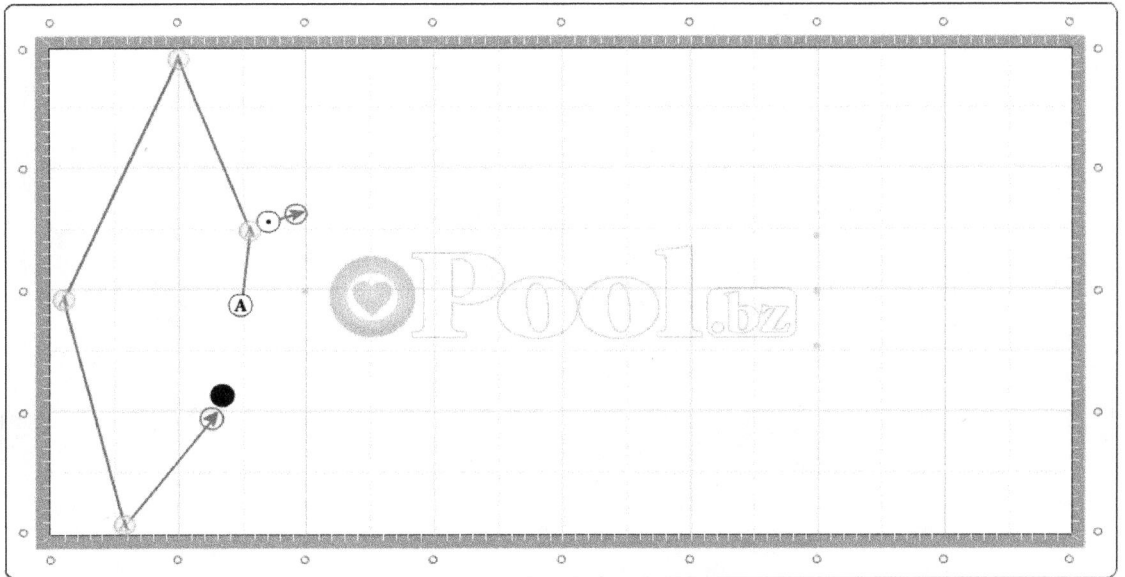

A:3c – Opstelling

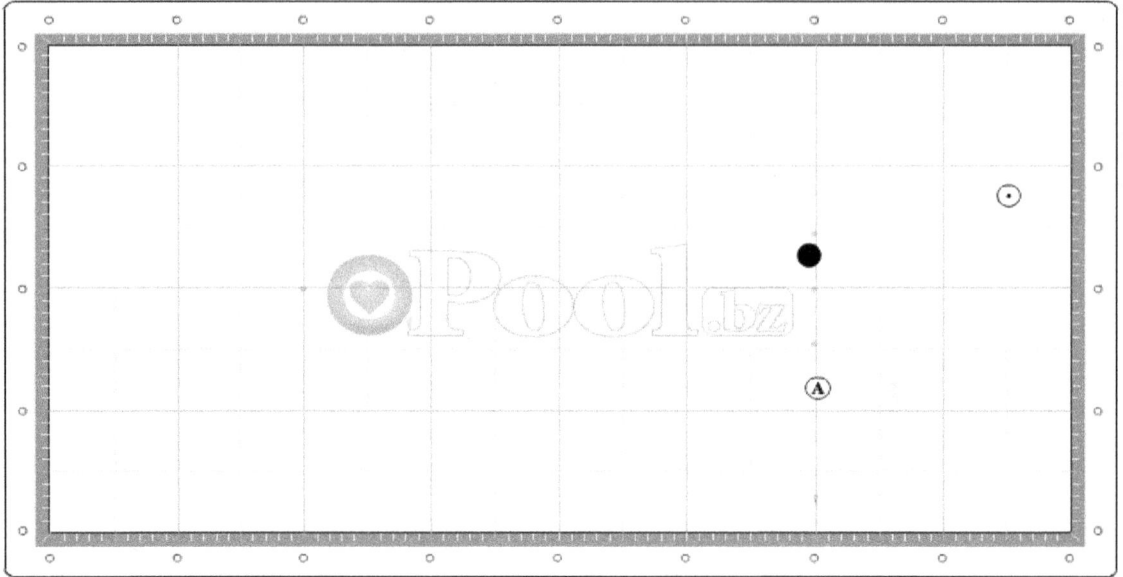

Opmerkingen en ideeën:

Schotpatroon

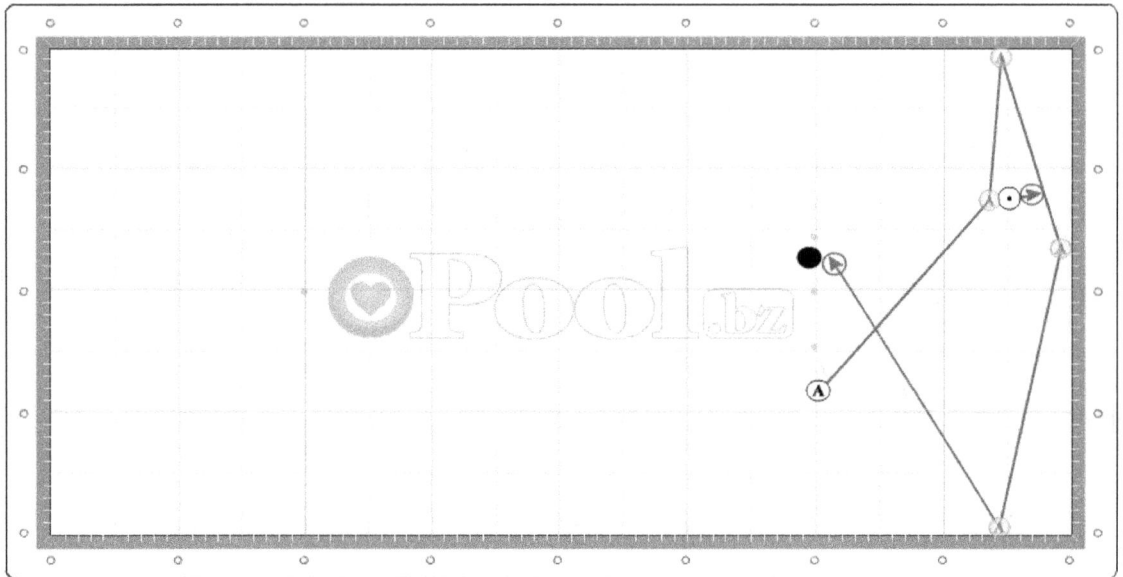

A:3d – Opstelling

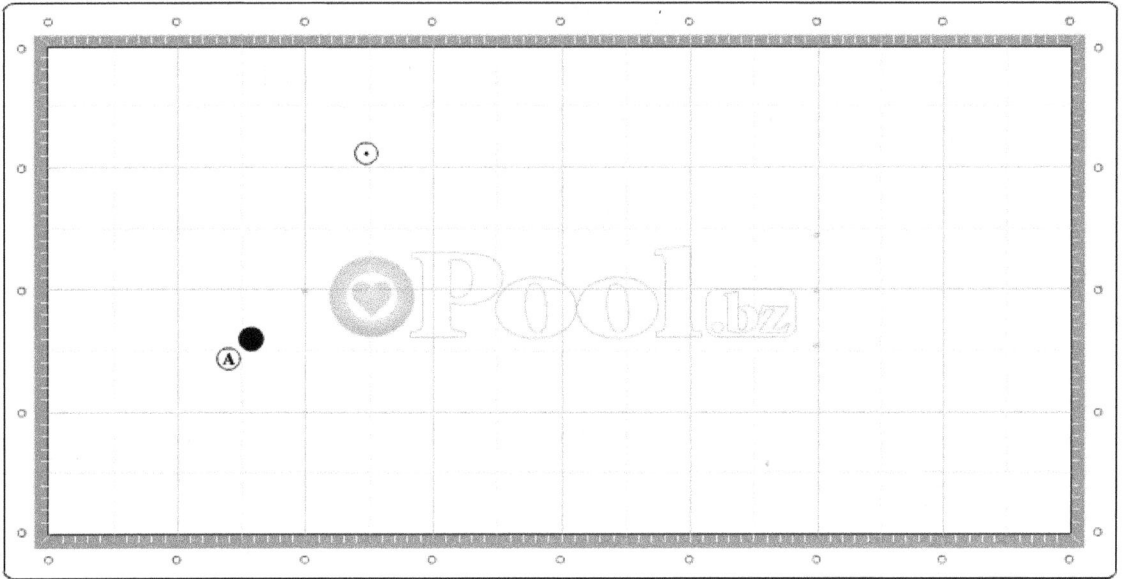

Opmerkingen en ideeën:

Schotpatroon

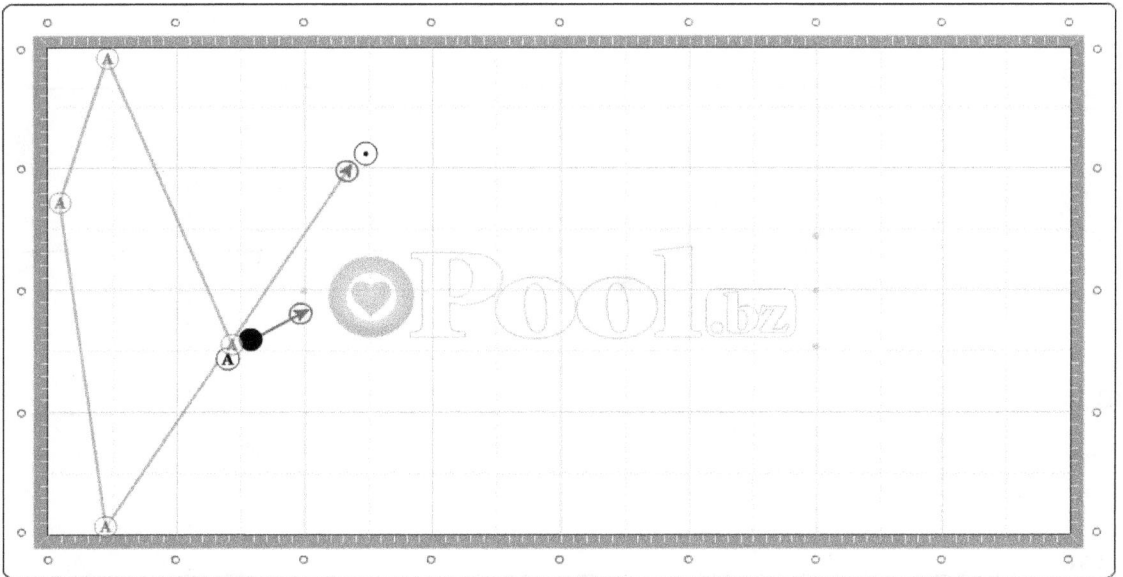

B: 1/8 tafel

De (CB) reist naar een kleine achtste van de tafel.

Ⓐ (CB) (uw biljartbal) – ⨀ (OB) (tegenstander biljartbal) – ⬤ (OB) (rode biljartbal)

B: Groep 1

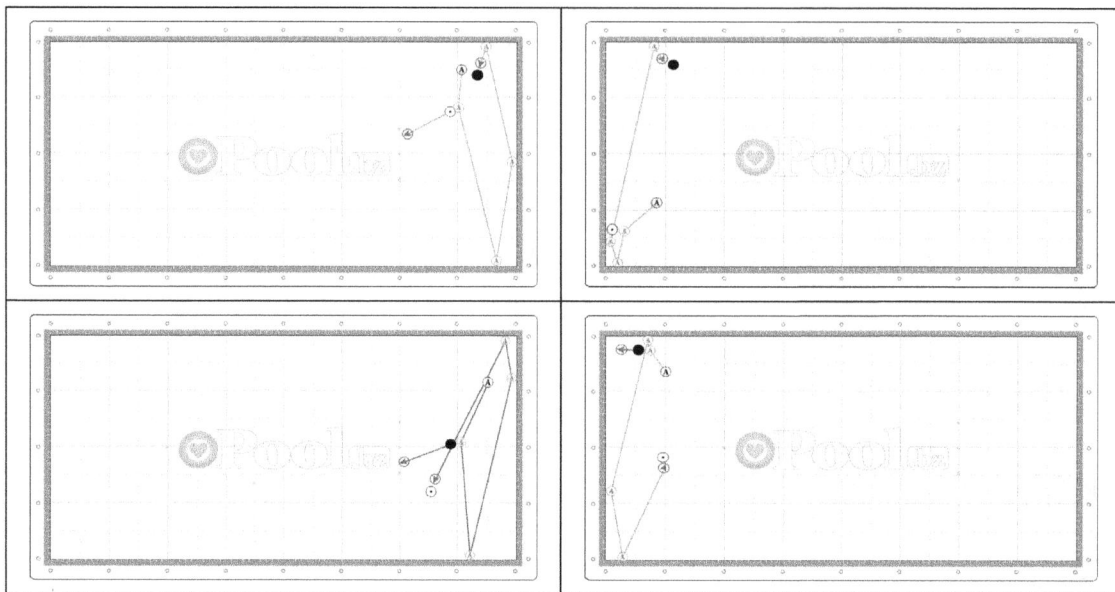

Analyse:

B:1a. _____

B:1b. _____

B:1c. _____

B:1d. _____

B:1a – Opstelling

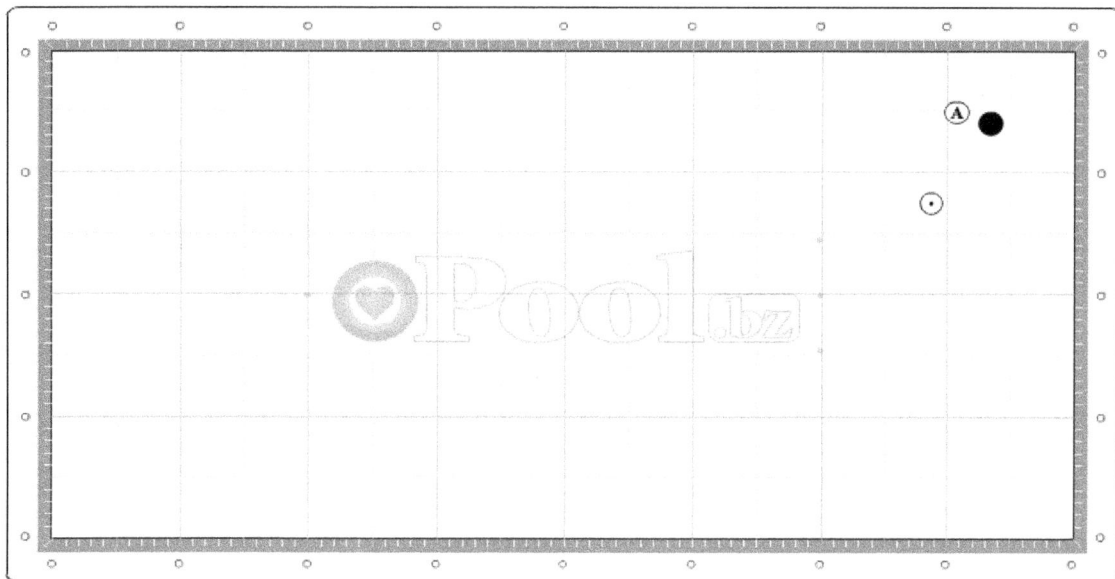

Opmerkingen en ideeën:

Schotpatroon

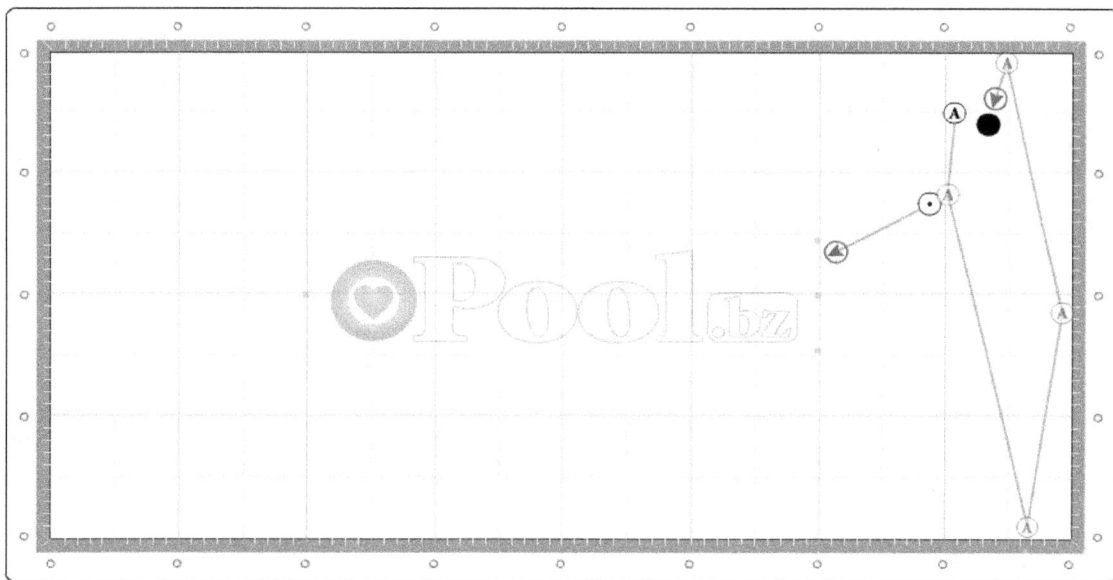

B:1b – Opstelling

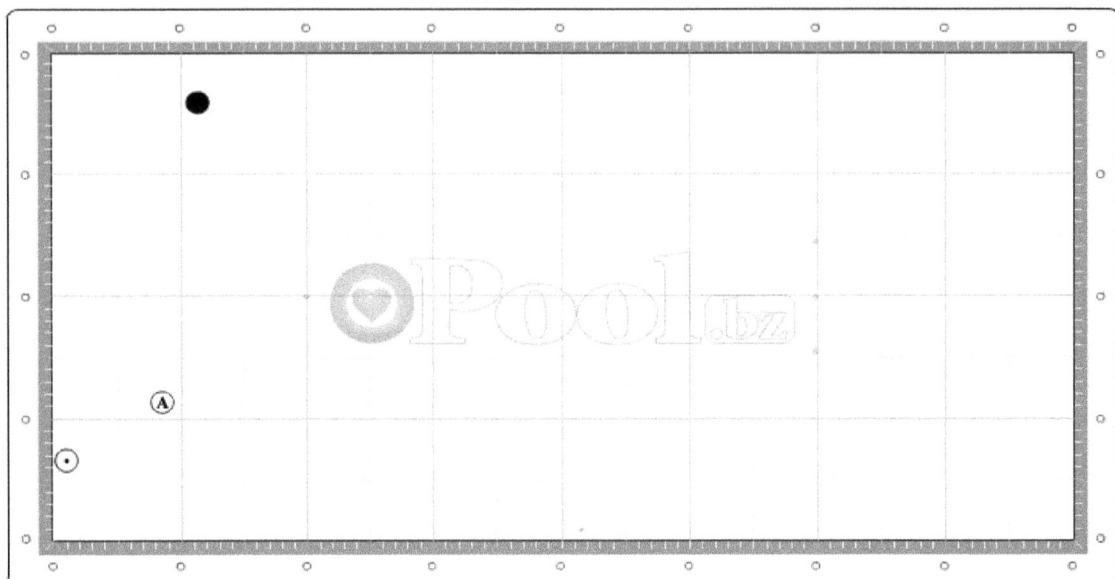

Opmerkingen en ideeën:

Schotpatroon

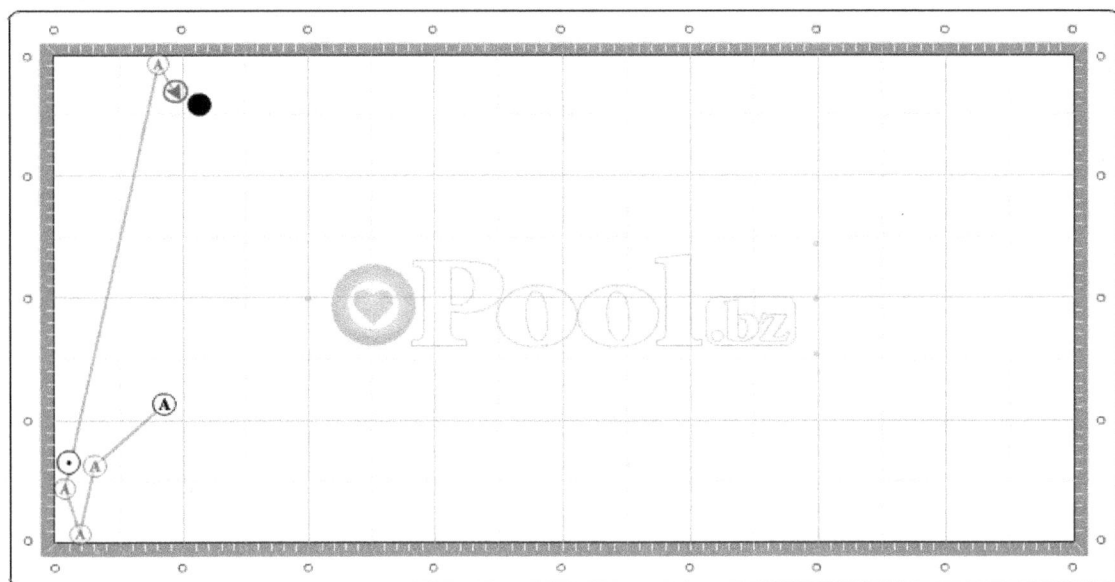

B:1c – Opstelling

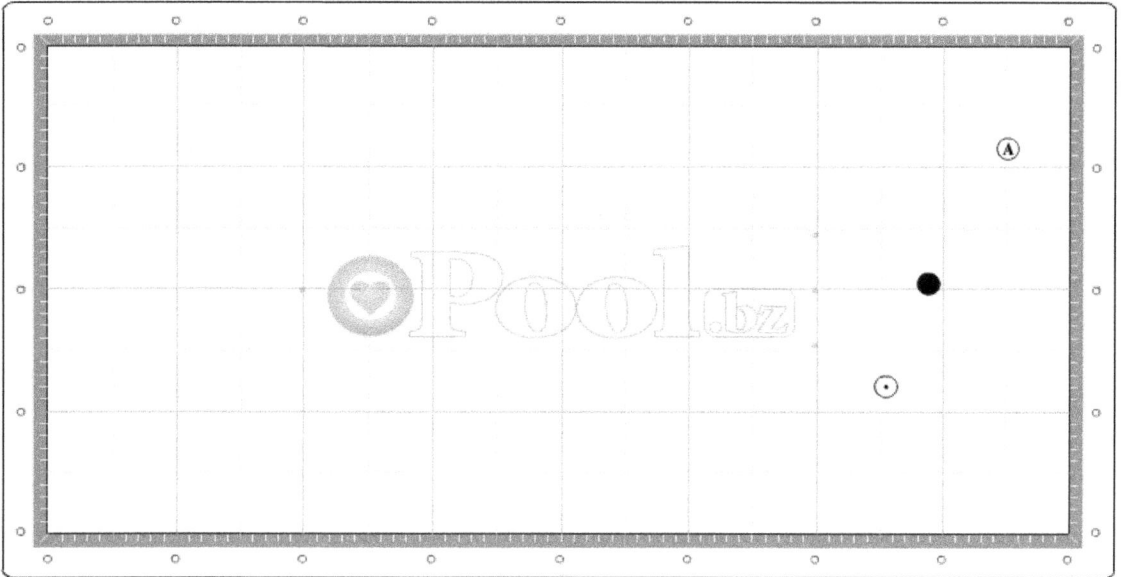

Opmerkingen en ideeën:

Schotpatroon

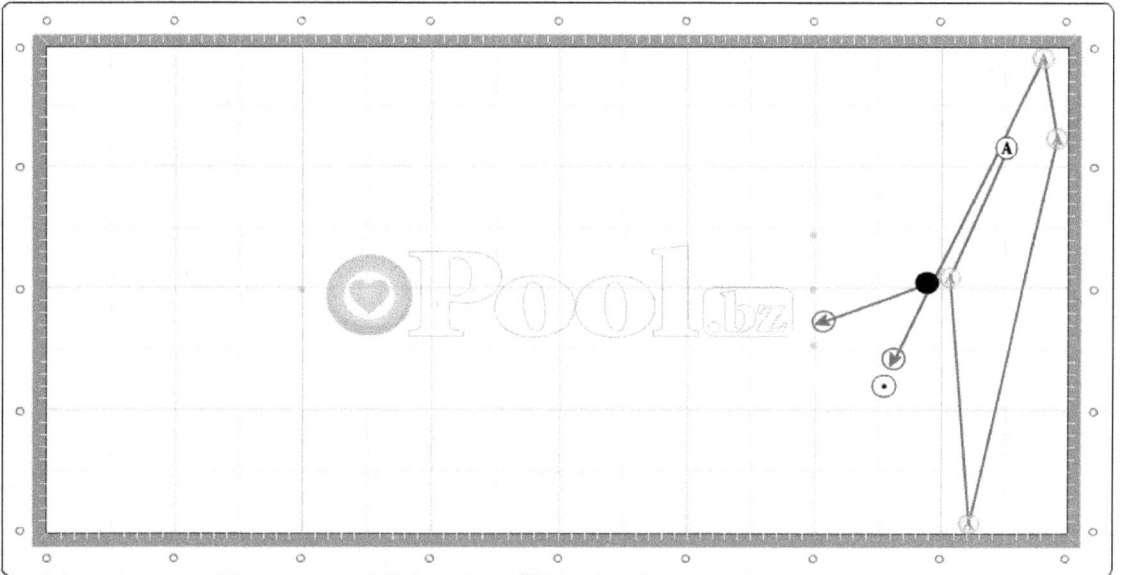

B:1d – Opstelling

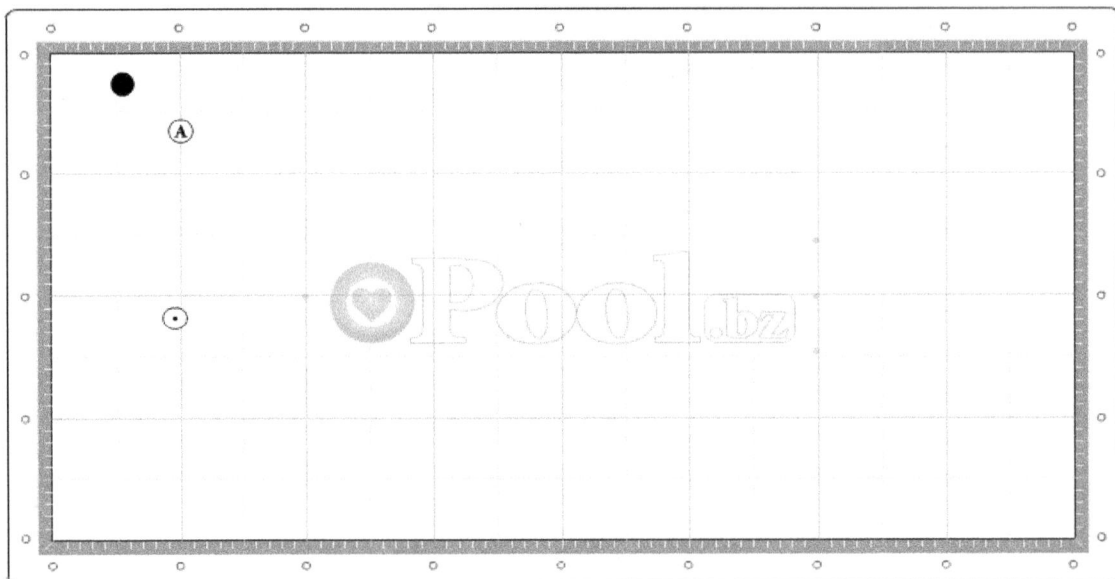

Opmerkingen en ideeën:

Schotpatroon

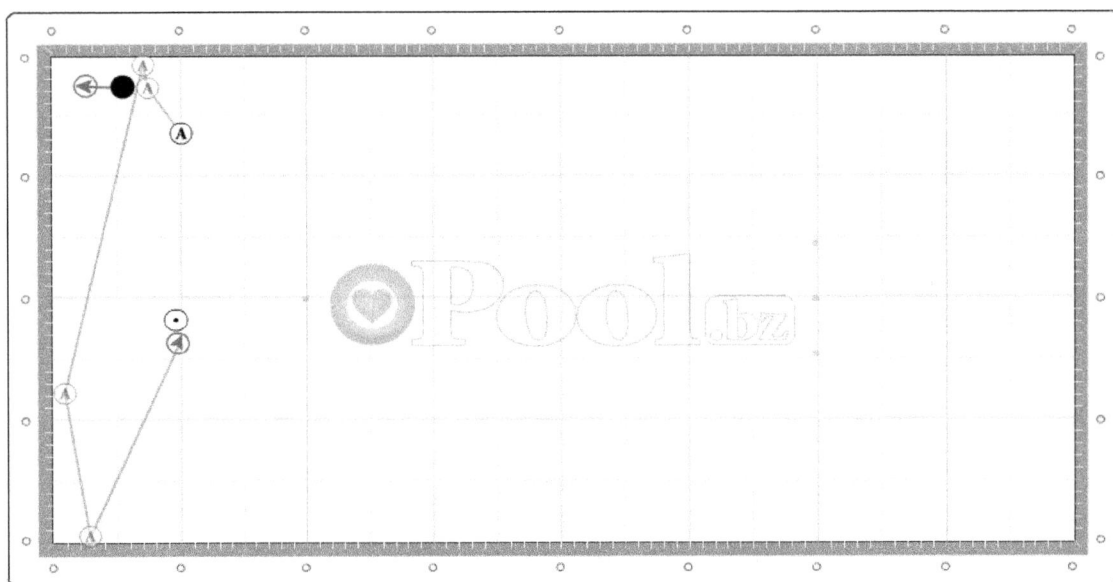

B: Groep 2

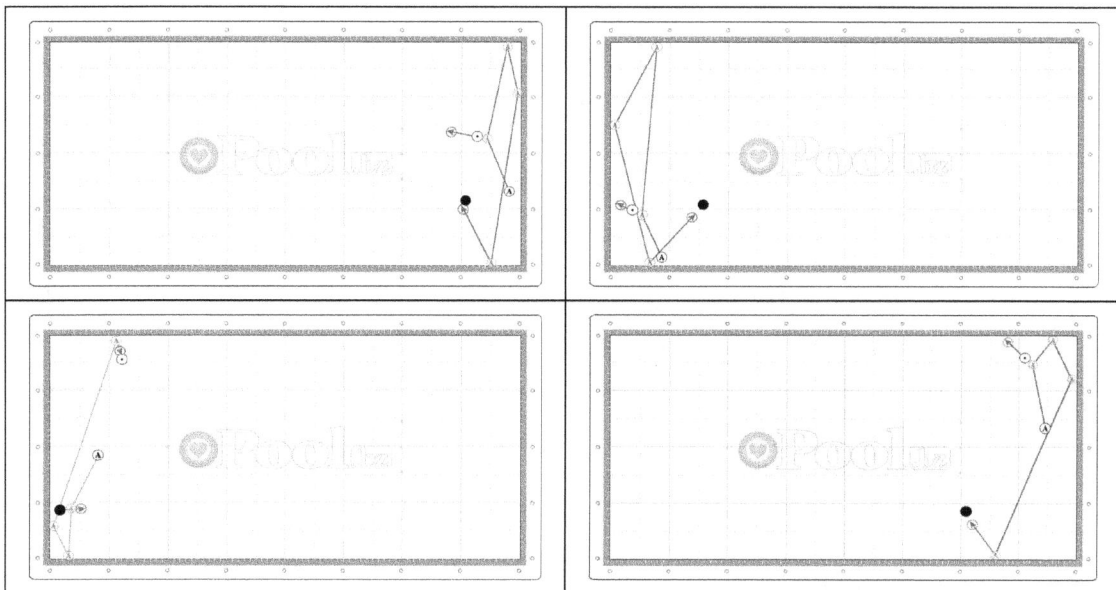

Analyse:

B:2a. _____

B:2b. _____

B:2c. _____

B:2d. _____

B:2a – Opstelling

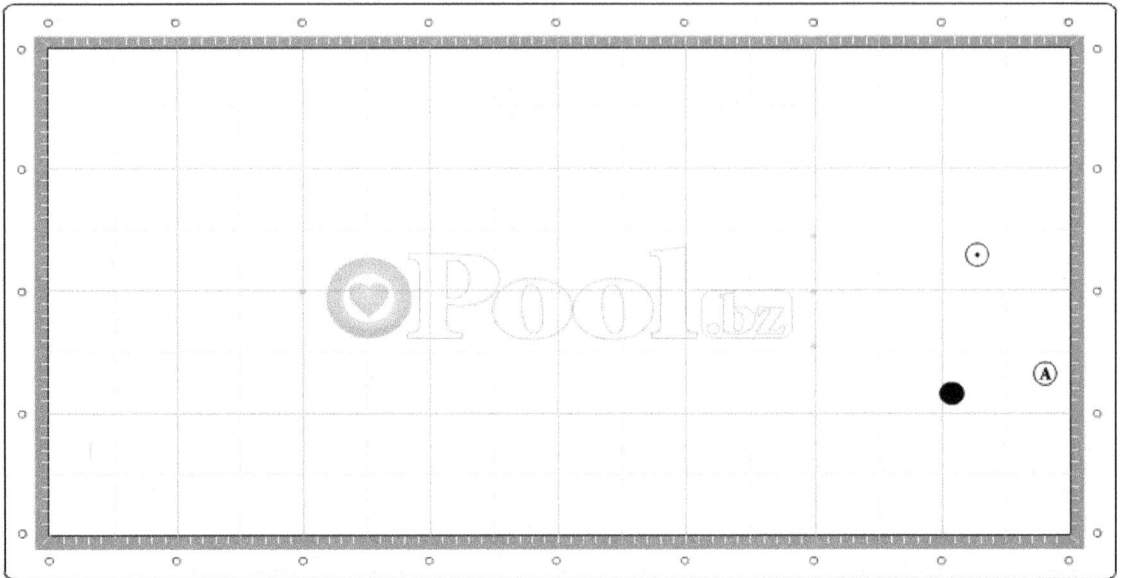

Opmerkingen en ideeën:

Schotpatroon

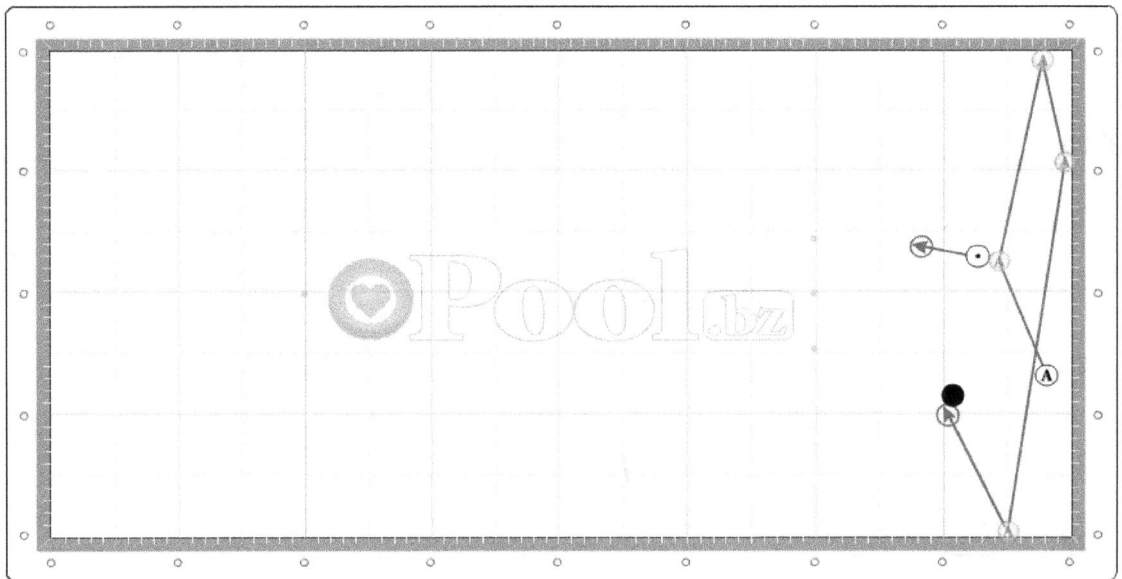

B:2b – Opstelling

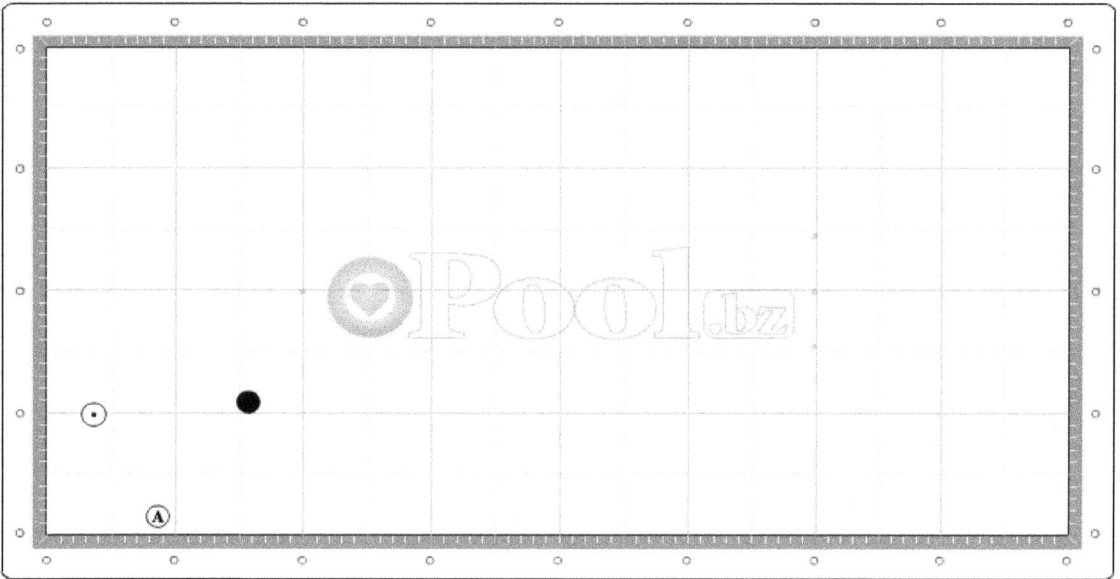

Opmerkingen en ideeën:

Schotpatroon

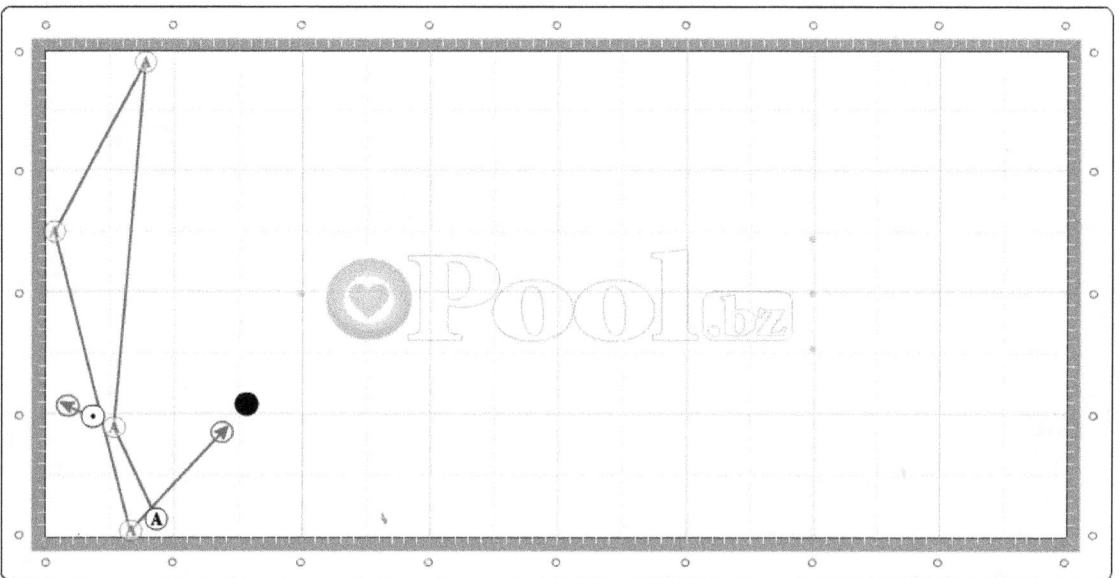

B:2c – Opstelling

Opmerkingen en ideeën:

Schotpatroon

B:2d – Opstelling

Opmerkingen en ideeën:

Schotpatroon

C: Forceer de speelbal vooruit

Nadat de (CB) contacten de eerste (OB), (CB) topspin aandrukken, wordt de bal naar voren in het patroon gedwongen.

Ⓐ (CB) (uw biljartbal) – ⊙ (OB) (tegenstander biljartbal) – ⬤ (OB) (rode biljartbal)

C: Groep 1

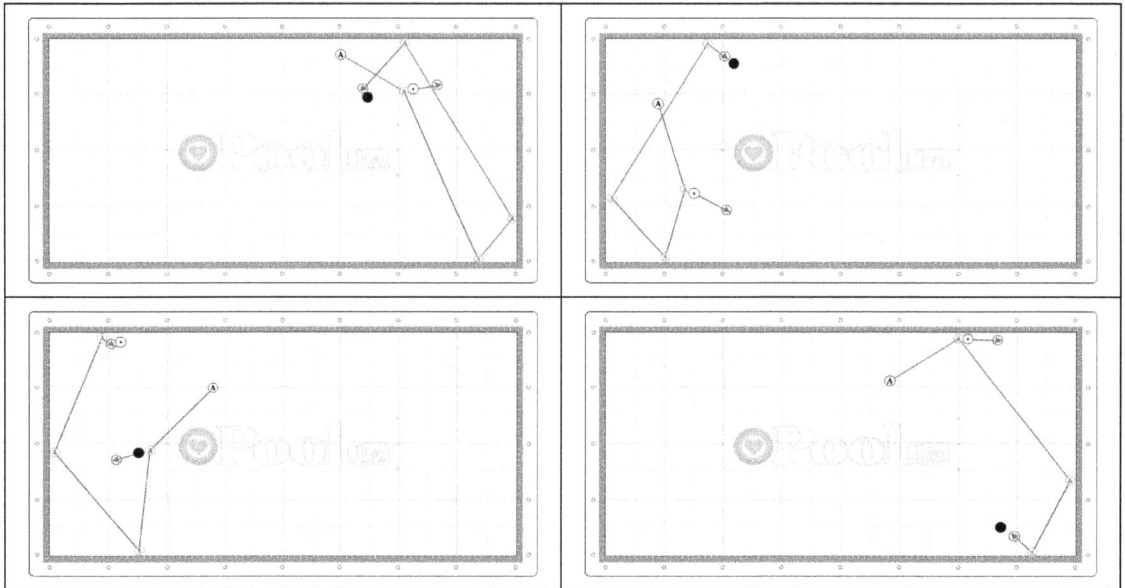

Analyse:

C:1a. _____

C:1b. _____

C:1c. _____

C:1d. _____

C:1a – Opstelling

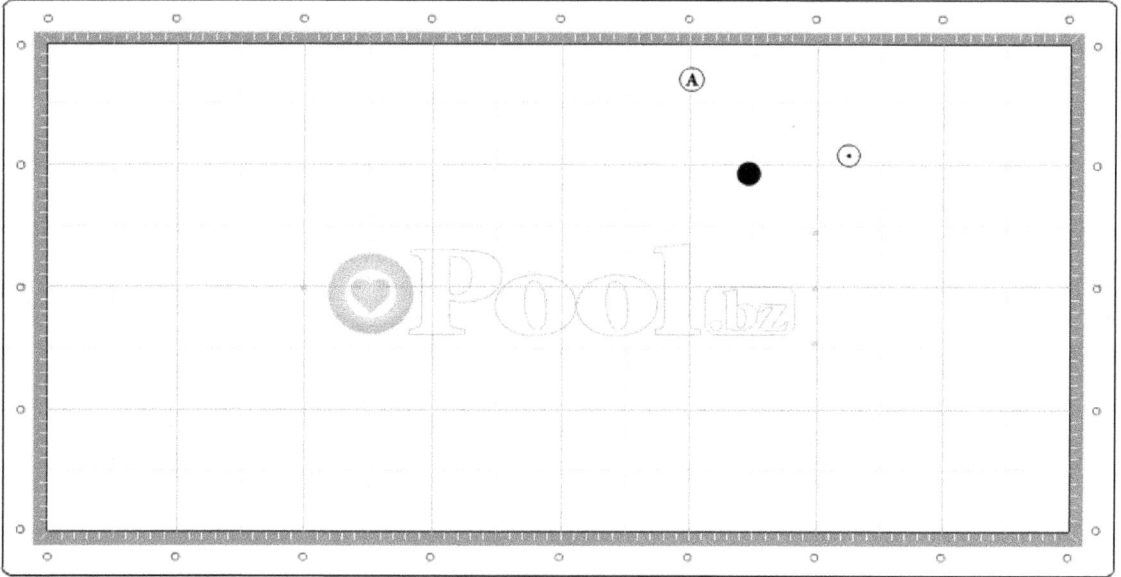

Opmerkingen en ideeën:

Schotpatroon

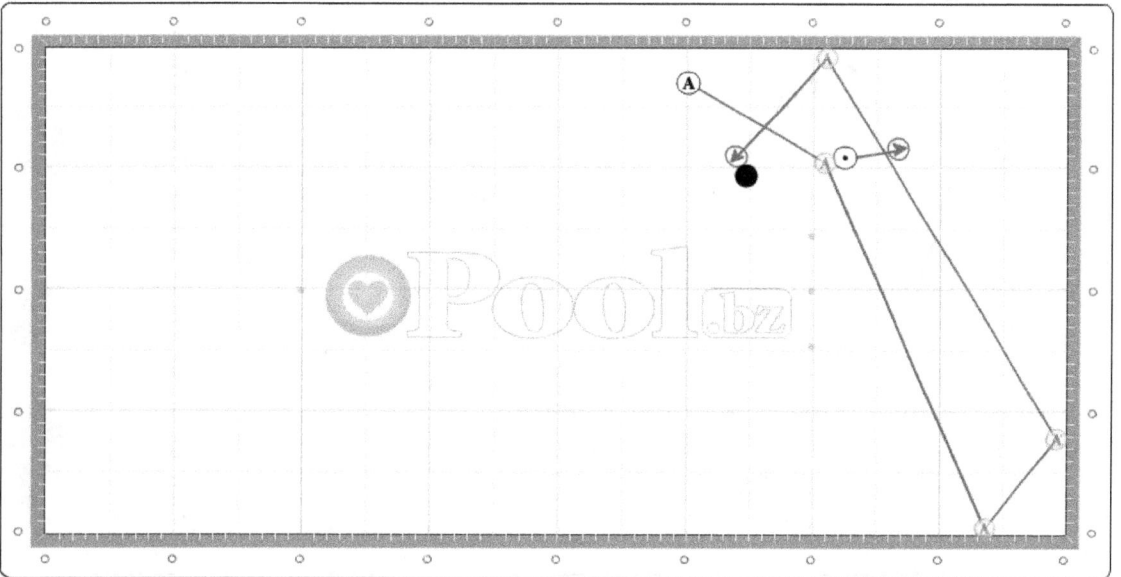

C:1b – Opstelling

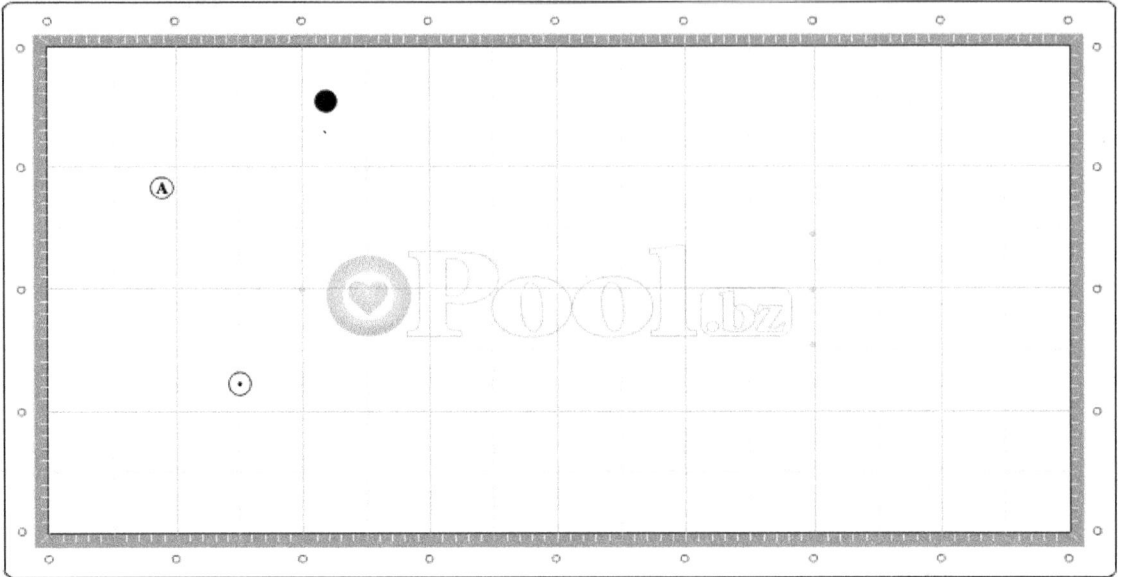

Opmerkingen en ideeën:

Schotpatroon

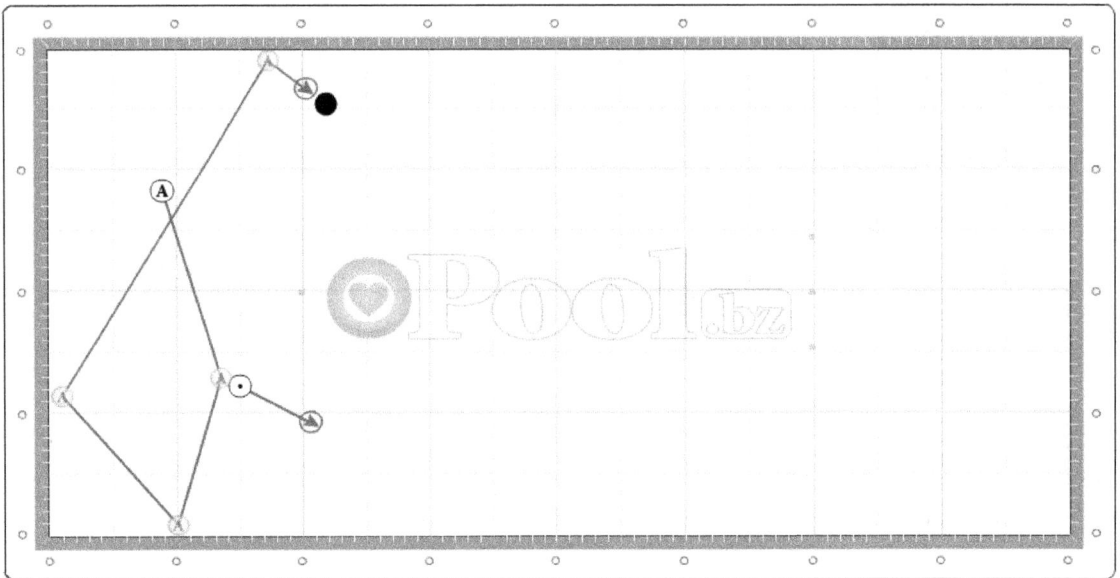

C:1c – Opstelling

Opmerkingen en ideeën:

Schotpatroon

C:1d – Opstelling

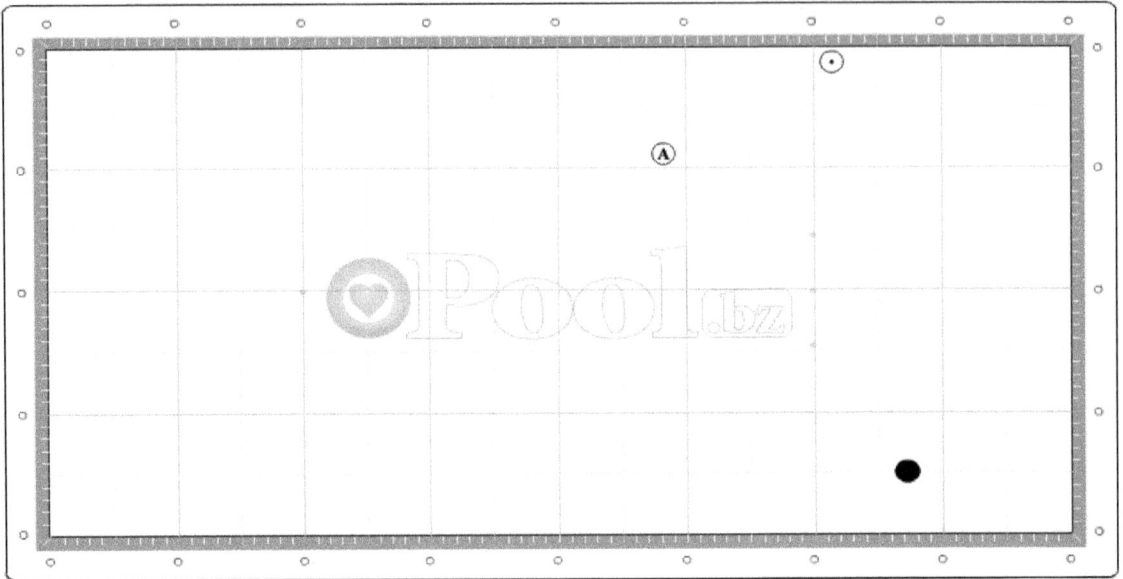

Opmerkingen en ideeën:

Schotpatroon

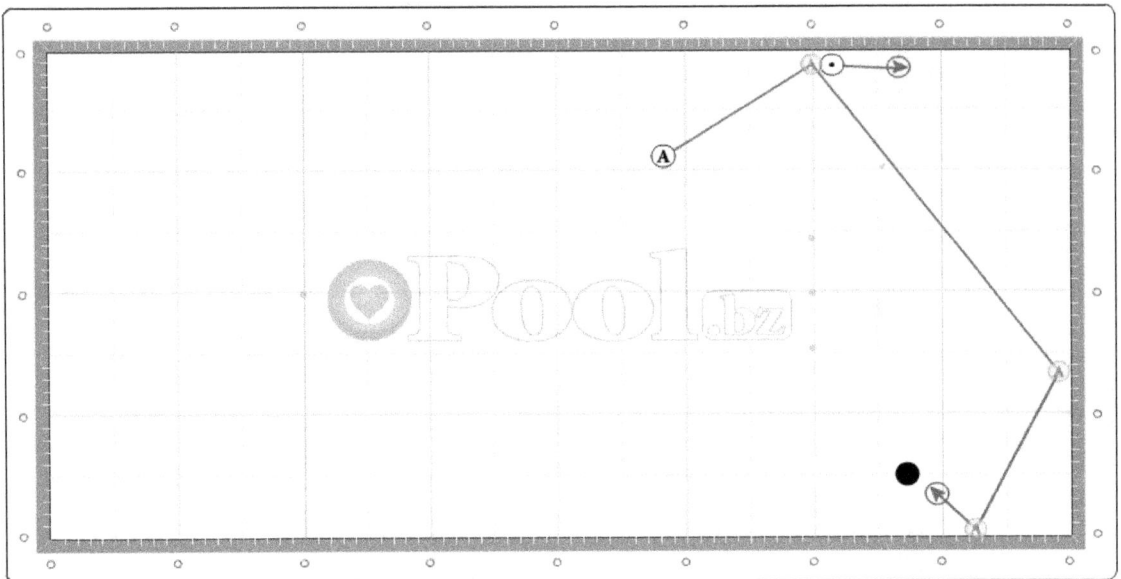

C: Groep 2

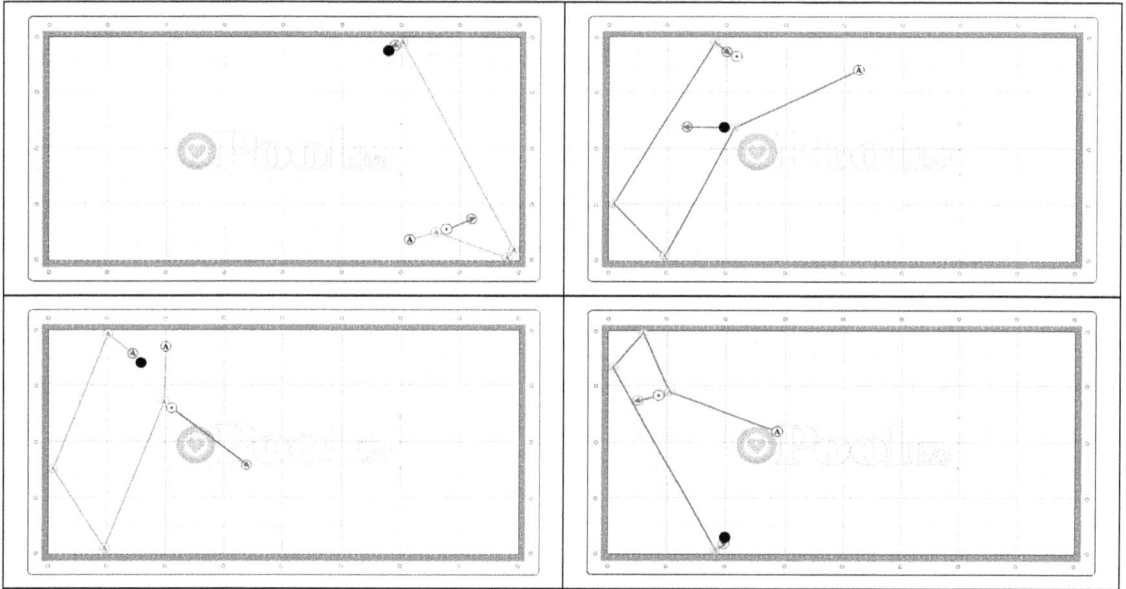

Analyse:

C:2a. _____

C:2b. _____

C:2c. _____

C:2d. _____

C:2a – Opstelling

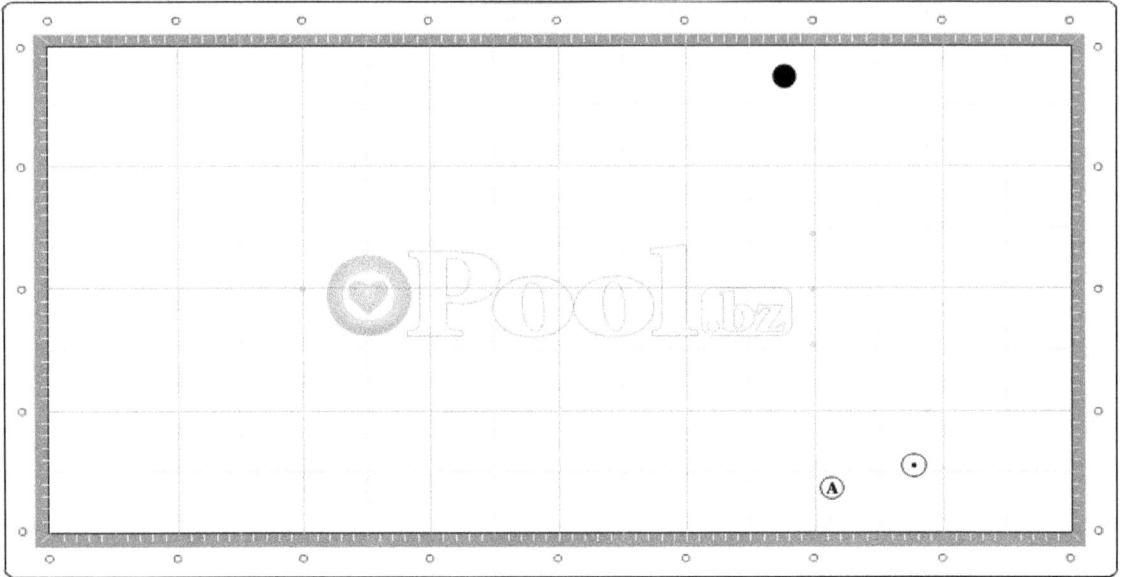

Opmerkingen en ideeën:

Schotpatroon

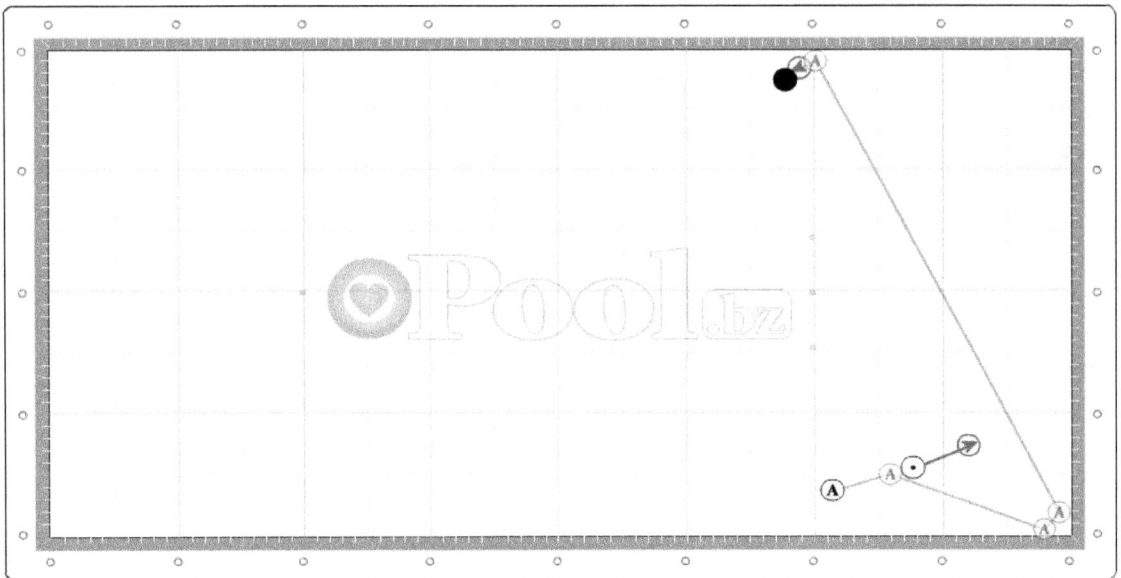

C:2b – Opstelling

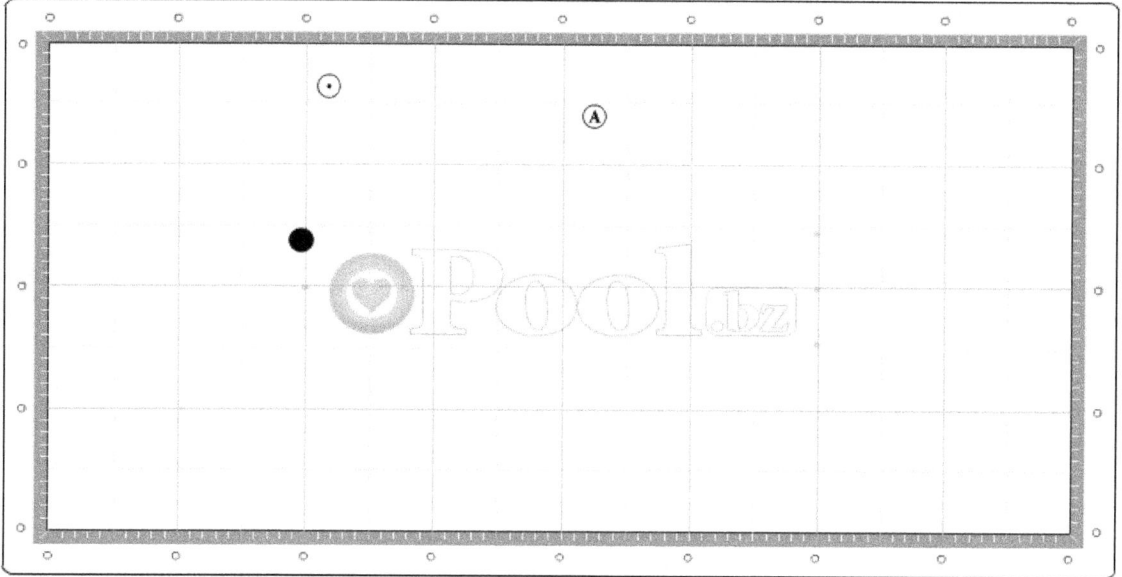

Opmerkingen en ideeën:

Schotpatroon

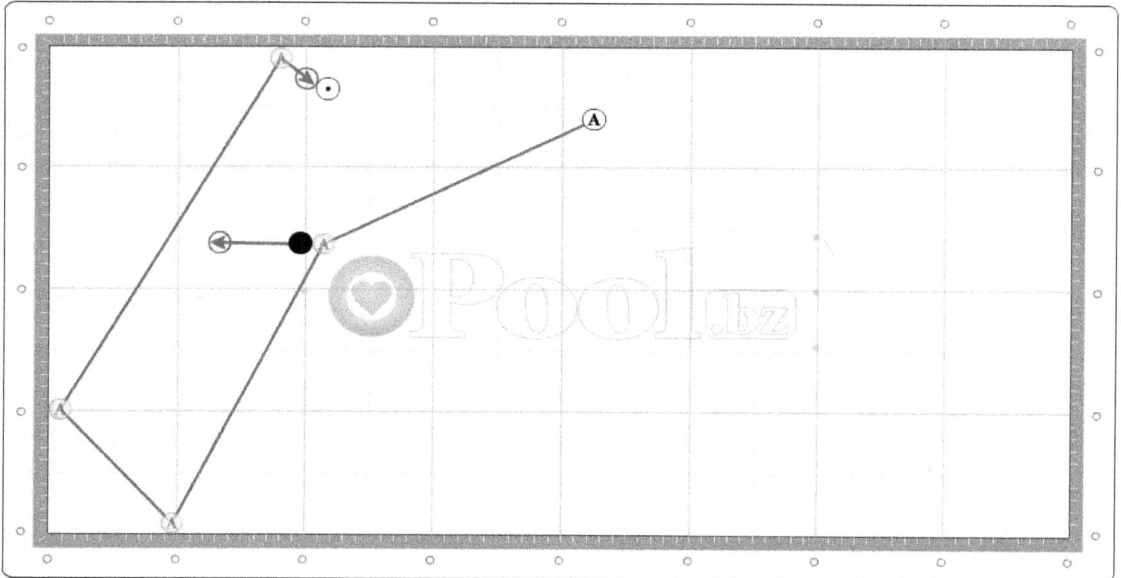

C:2c – Opstelling

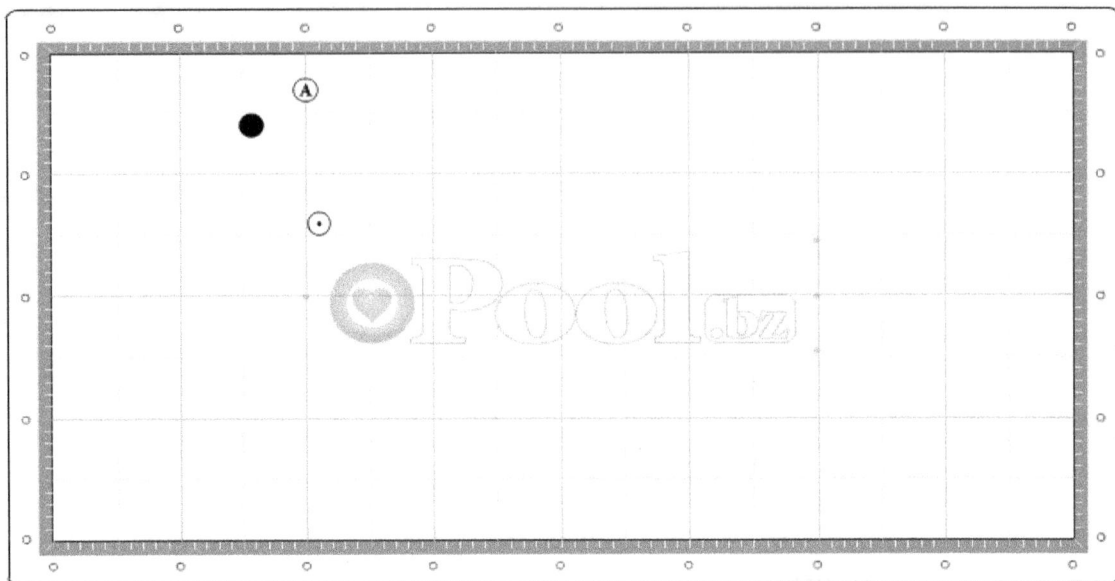

Opmerkingen en ideeën:

Schotpatroon

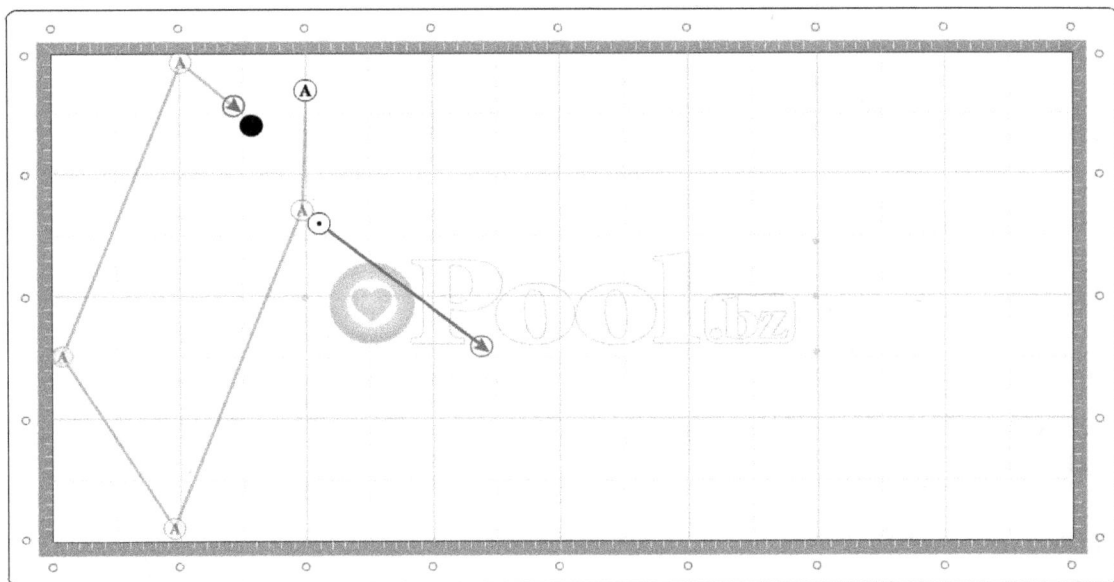

C:2d – Opstelling

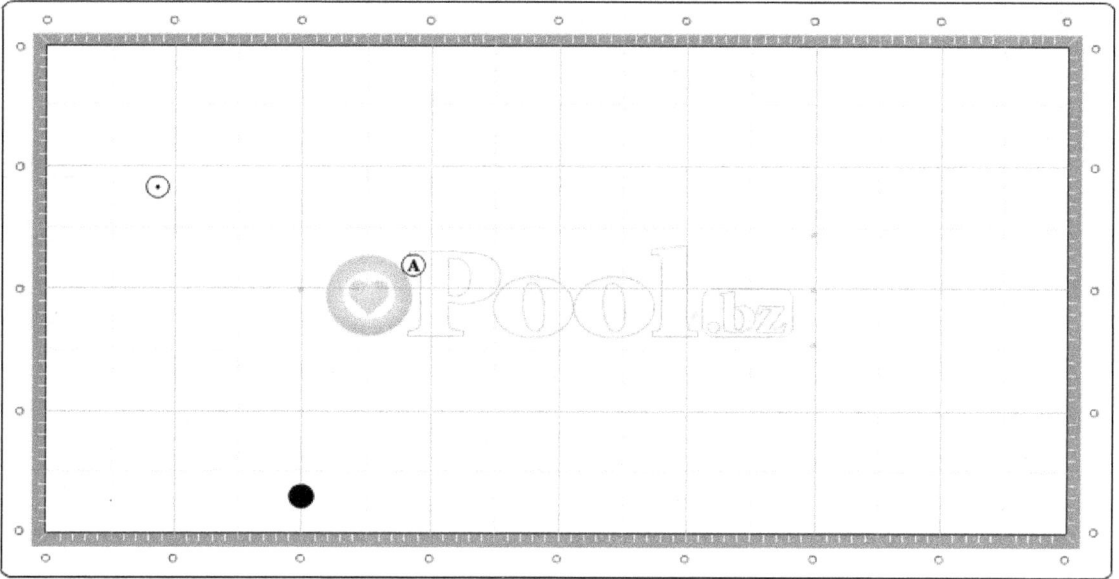

Opmerkingen en ideeën:

Schotpatroon

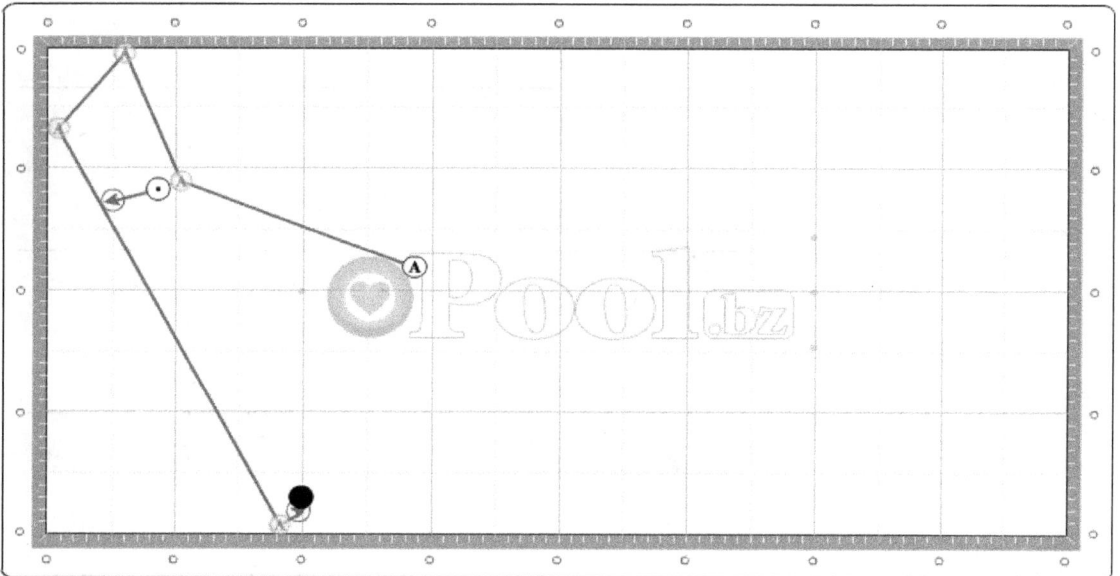

D: Binnenzijde achteruit

De (CB) komt uit de eerste (OB) met een combinatie van side- en reverse-spin.

(A) (CB) (uw biljartbal) – ⊙ (OB) (tegenstander biljartbal) – ⬤ (OB) (rode biljartbal)

D: Groep 1

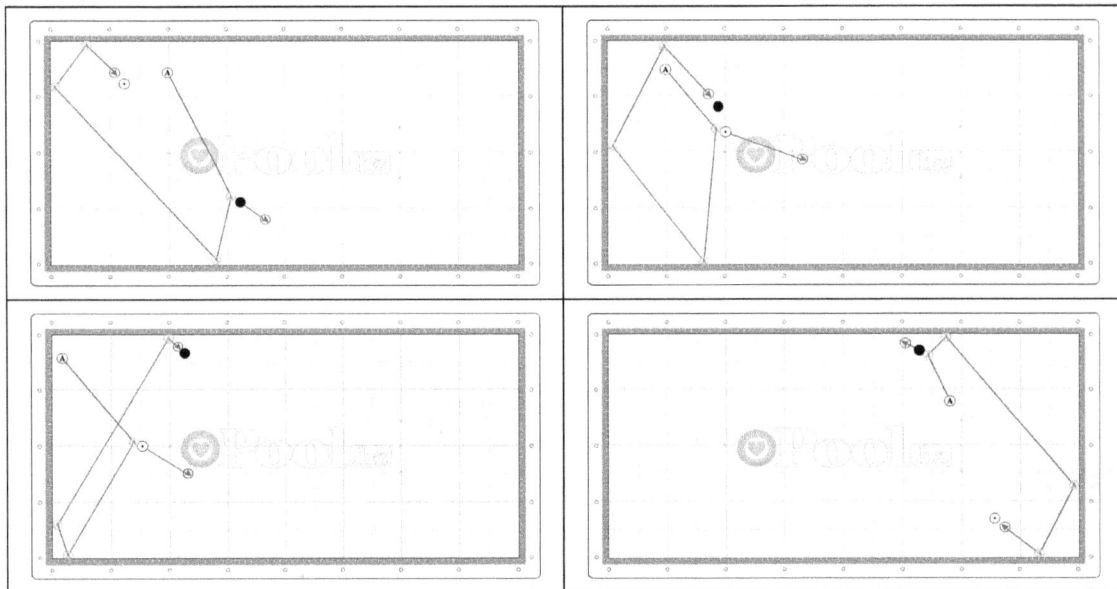

Analyse:

D:1a. _____

D:1b. _____

D:1c. _____

D:1d. _____

D:1a – Opstelling

Opmerkingen en ideeën:

Schotpatroon

D:1b – Opstelling

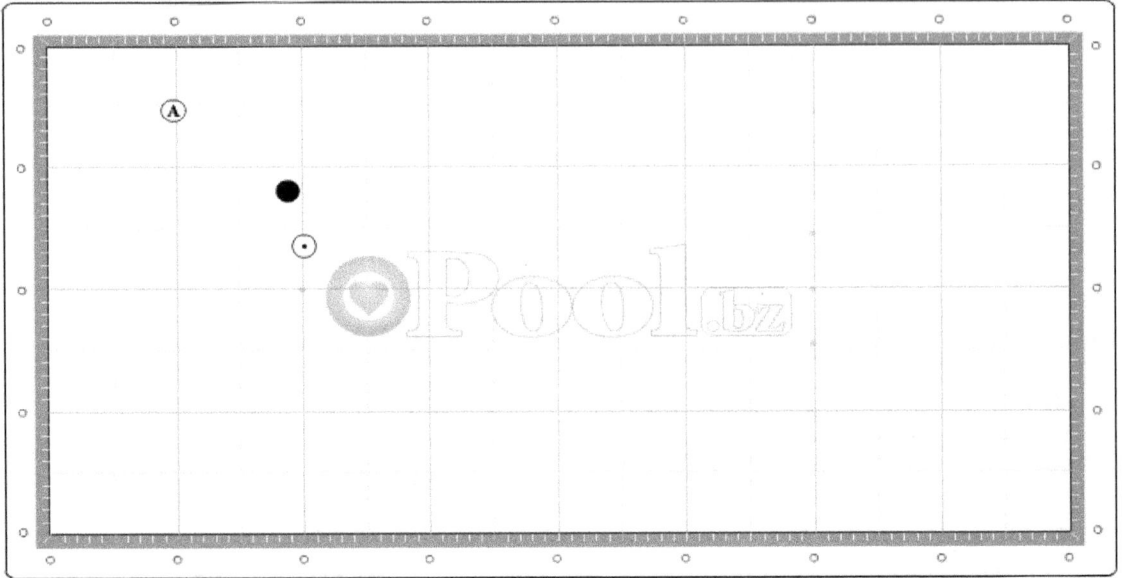

Opmerkingen en ideeën:

Schotpatroon

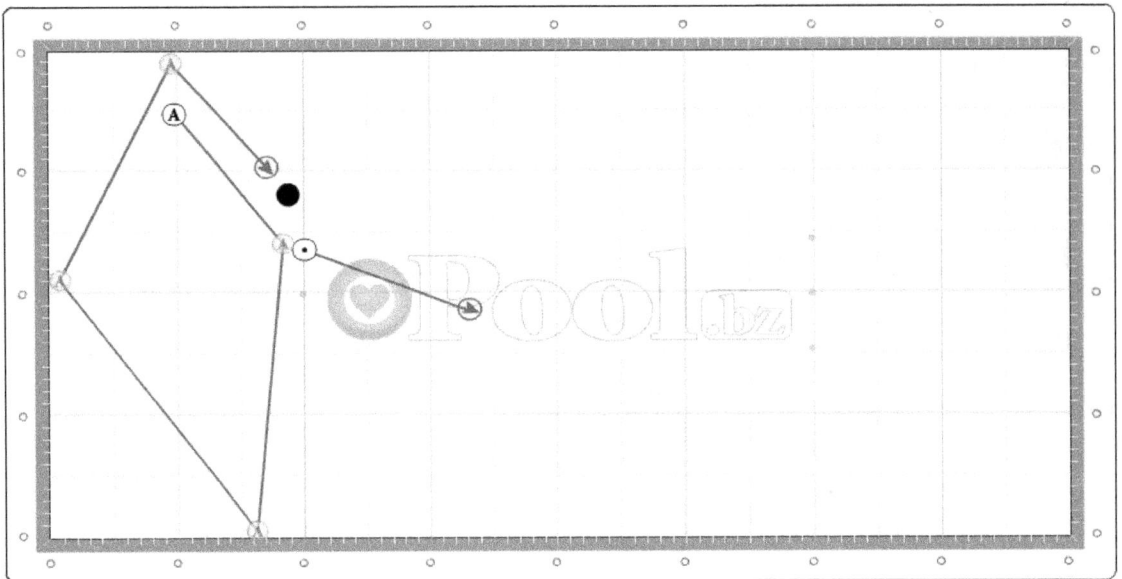

D:1c – Opstelling

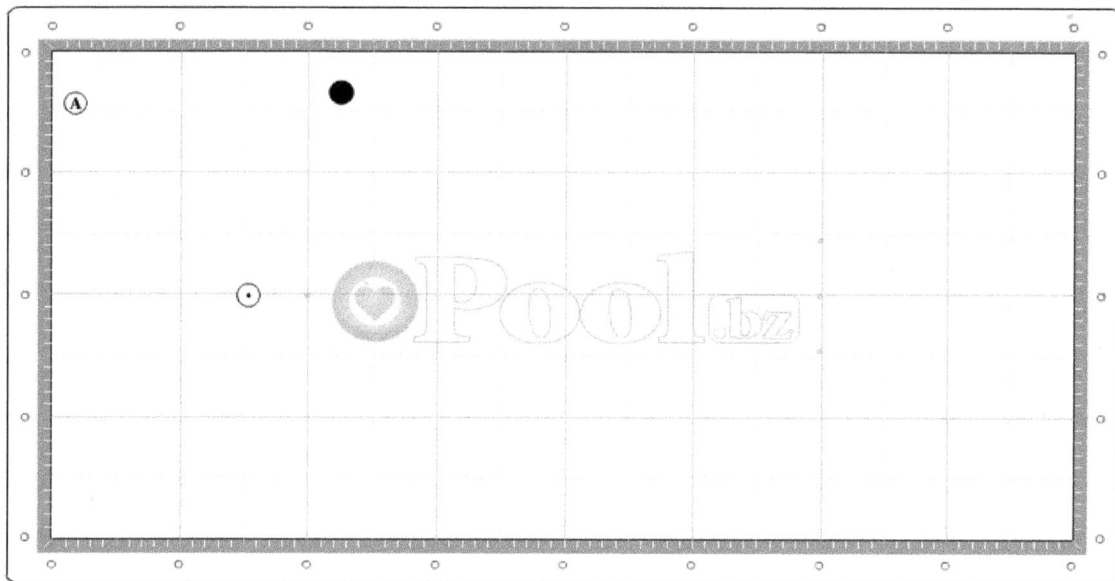

Opmerkingen en ideeën:

Schotpatroon

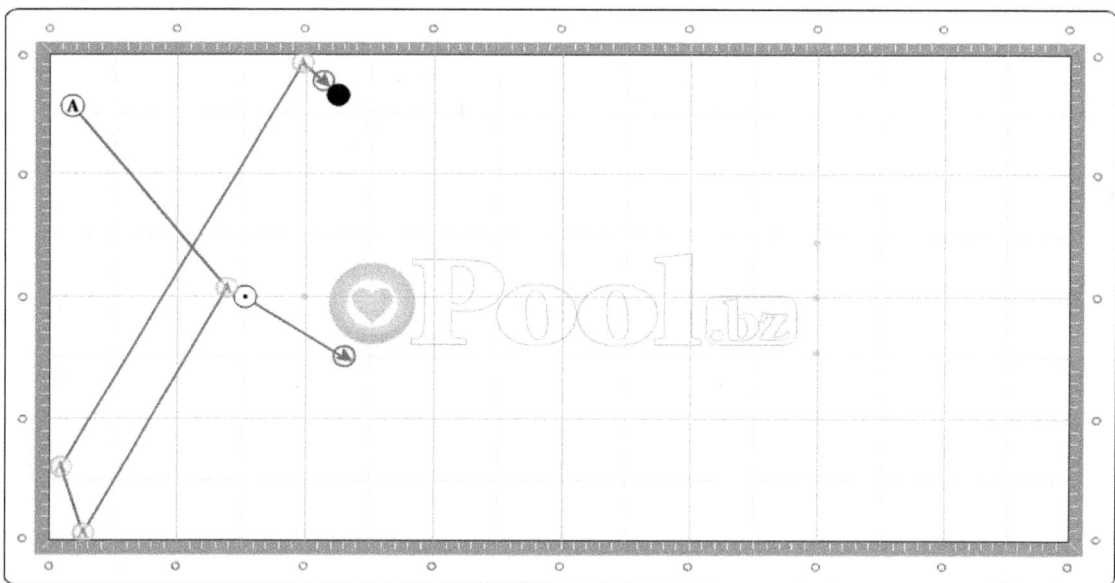

D:1d – Opstelling

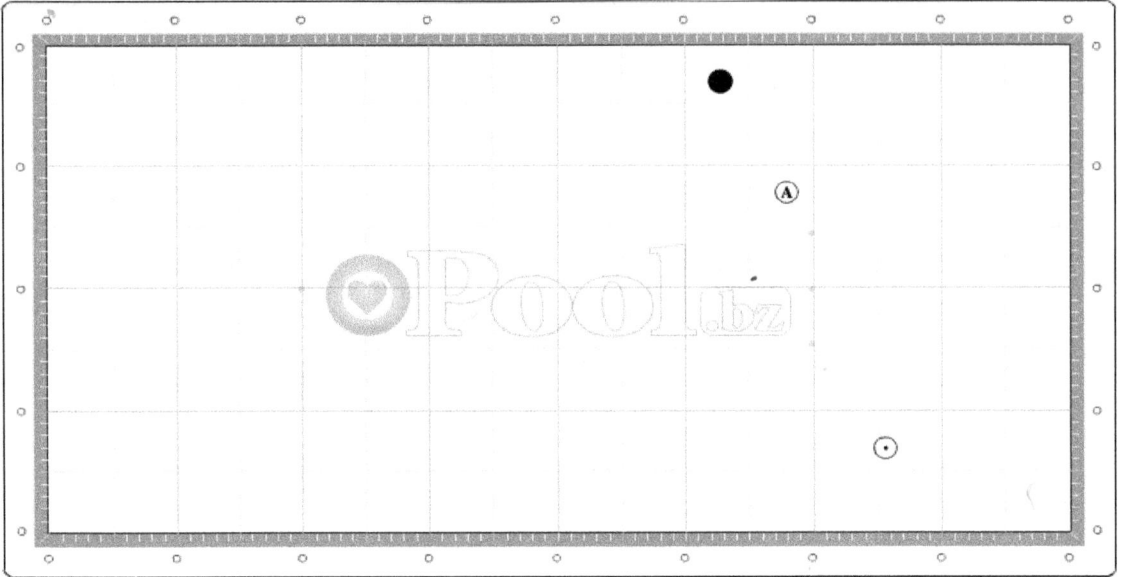

Opmerkingen en ideeën:

Schotpatroon

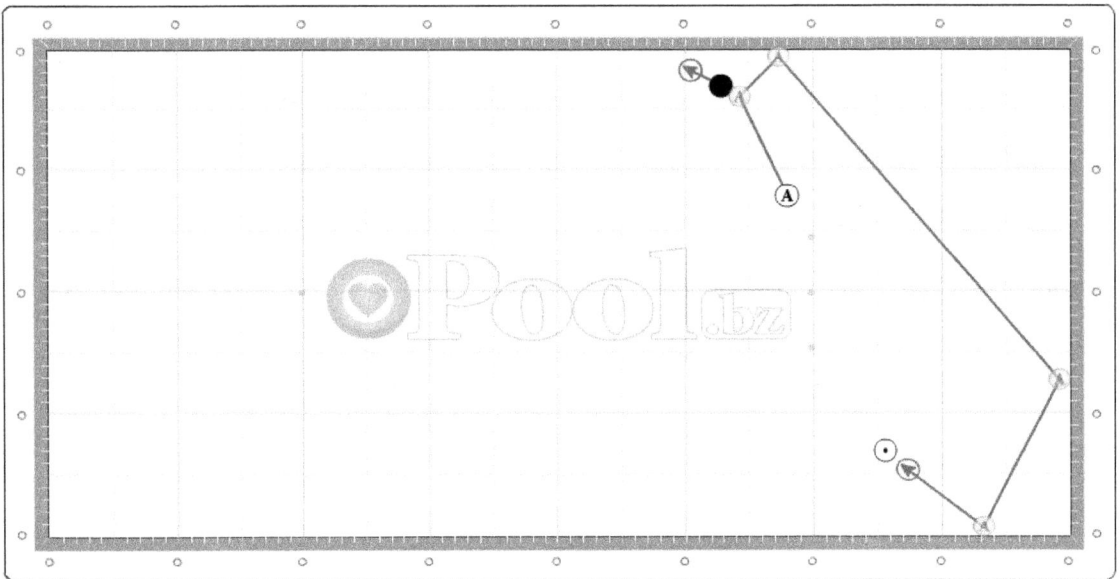

D: Groep 2

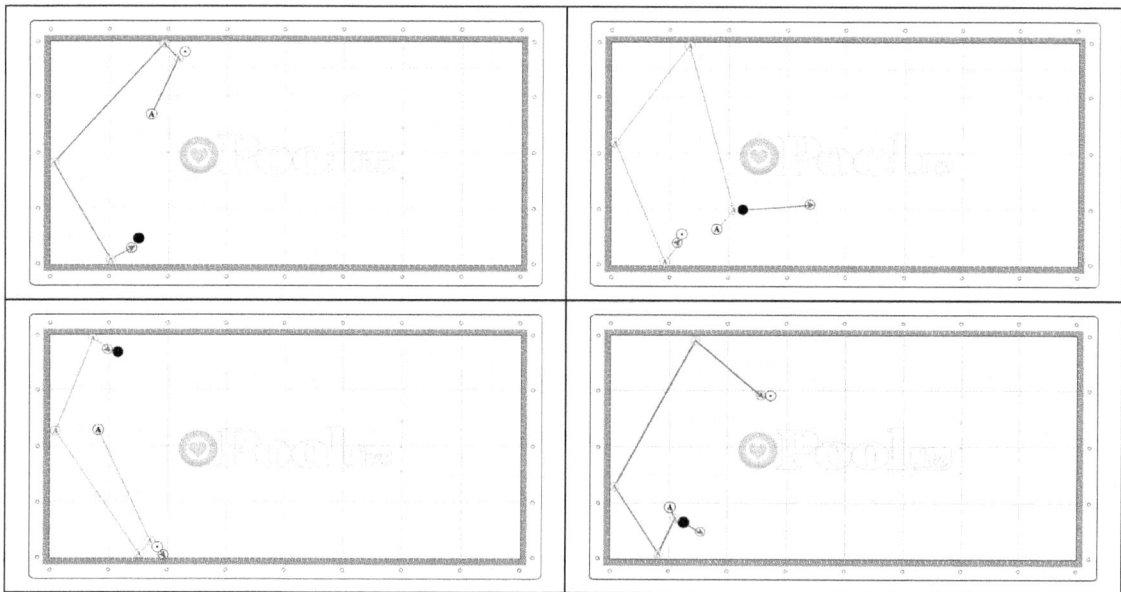

Analyse:

D:2a. _____

D:2b. _____

D:2c. _____

D:2d. _____

D:2a – Opstelling

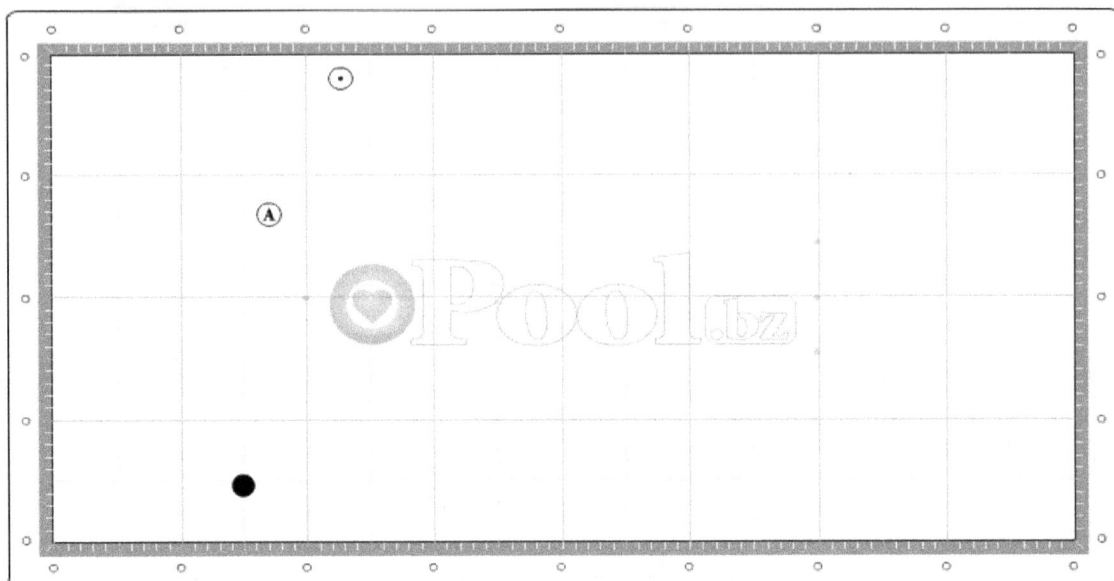

Opmerkingen en ideeën:

Schotpatroon

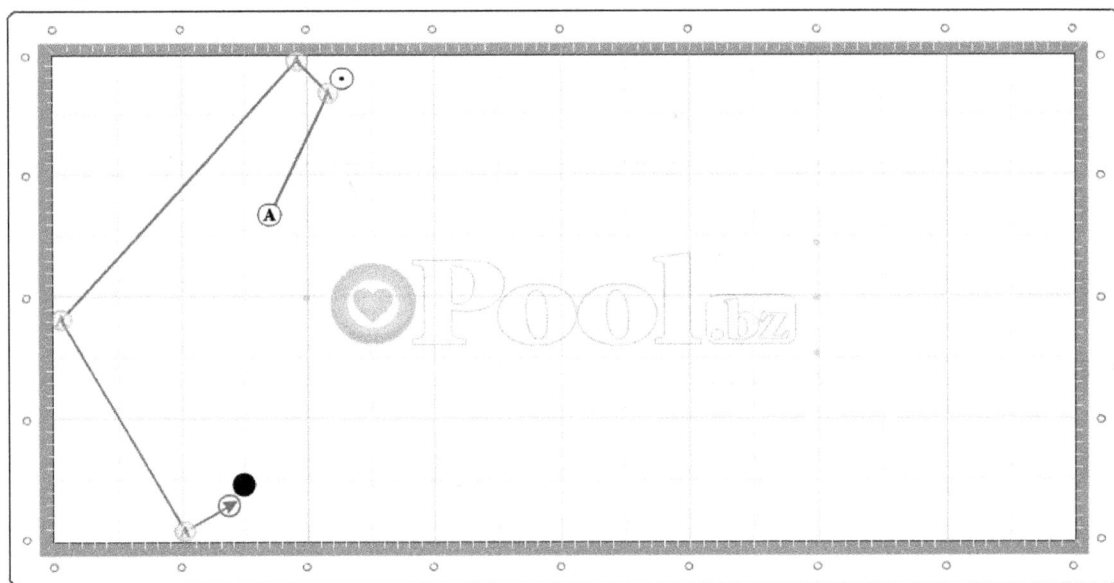

D:2b – Opstelling

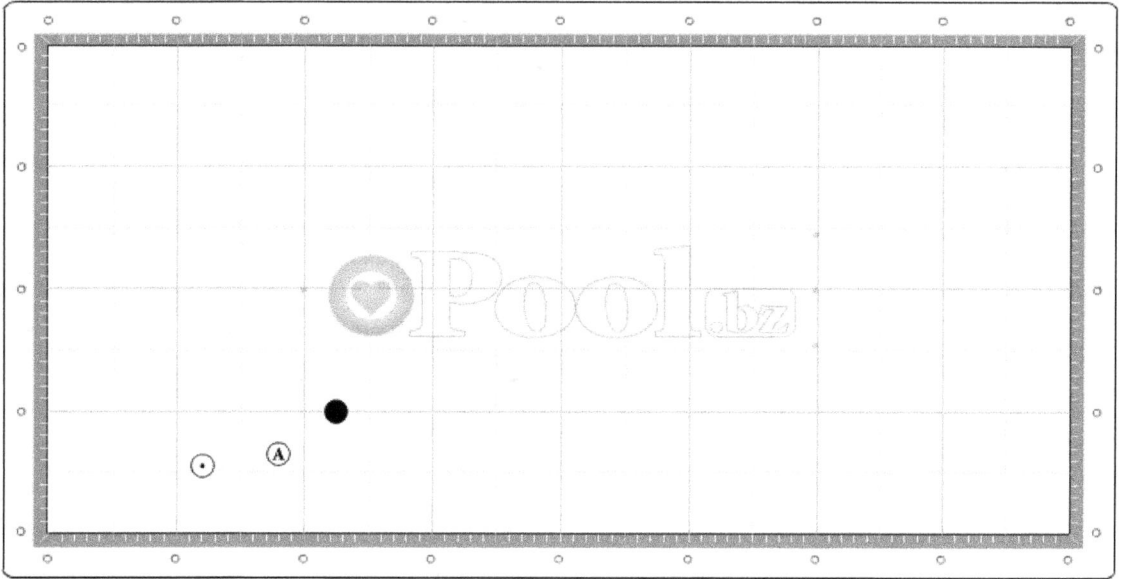

Opmerkingen en ideeën:

Schotpatroon

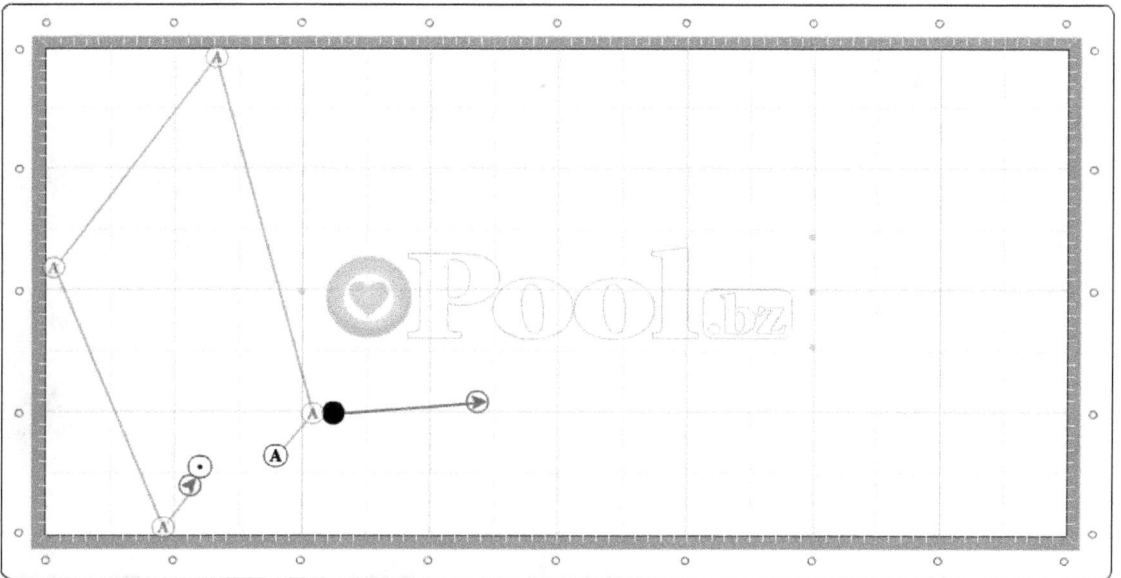

D:2c – Opstelling

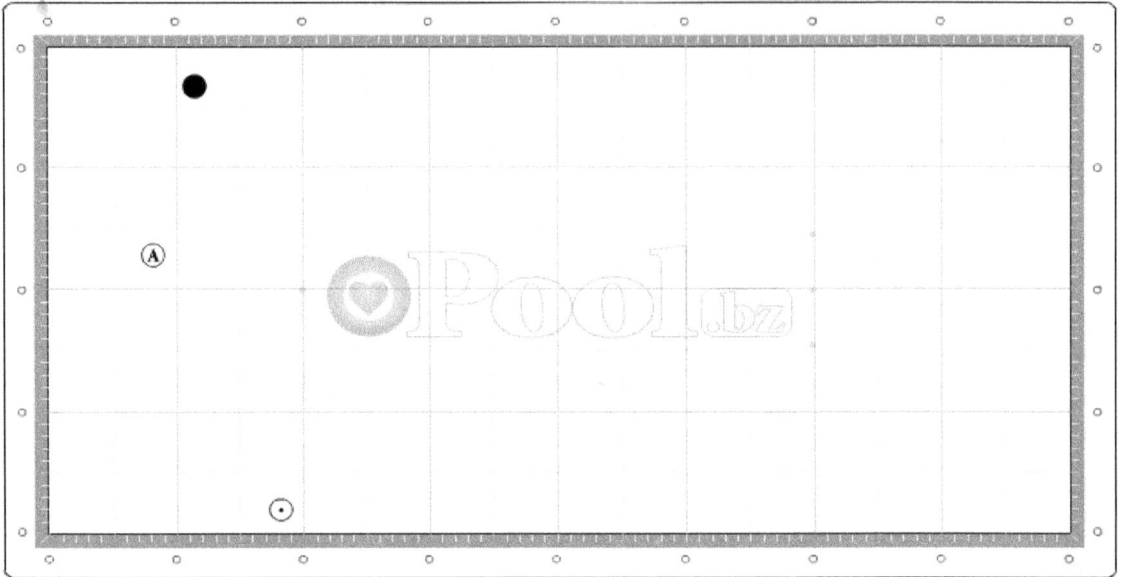

Opmerkingen en ideeën:

Schotpatroon

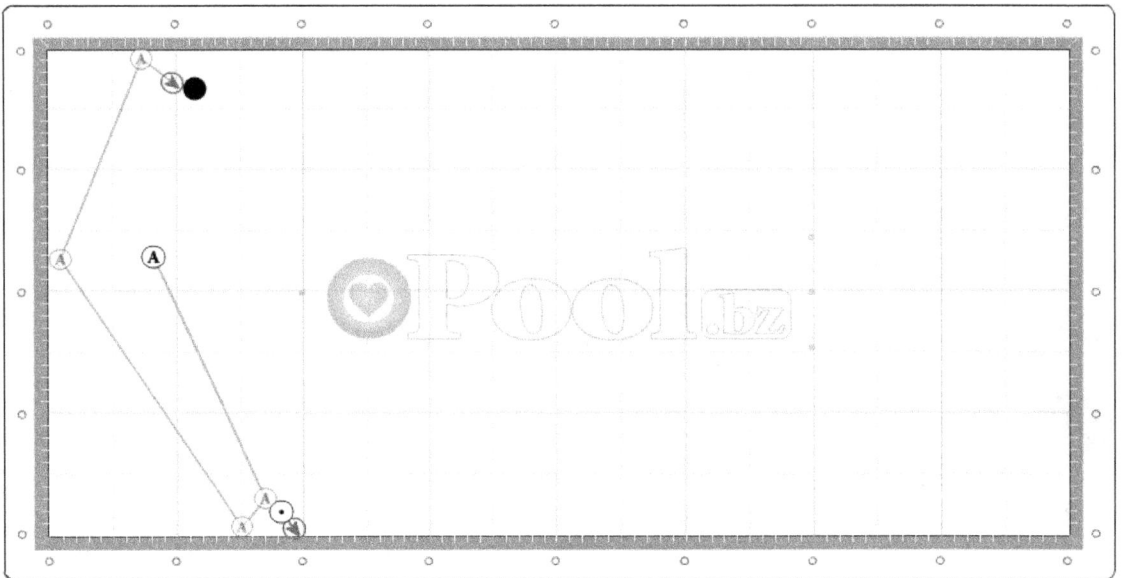

D:2d – Opstelling

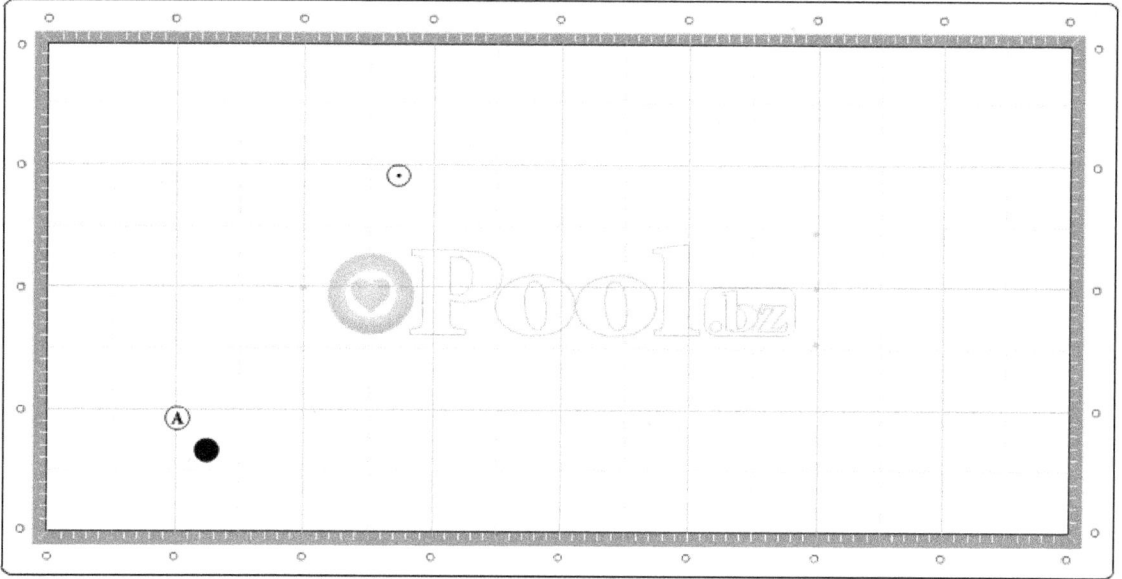

Opmerkingen en ideeën:

Schotpatroon

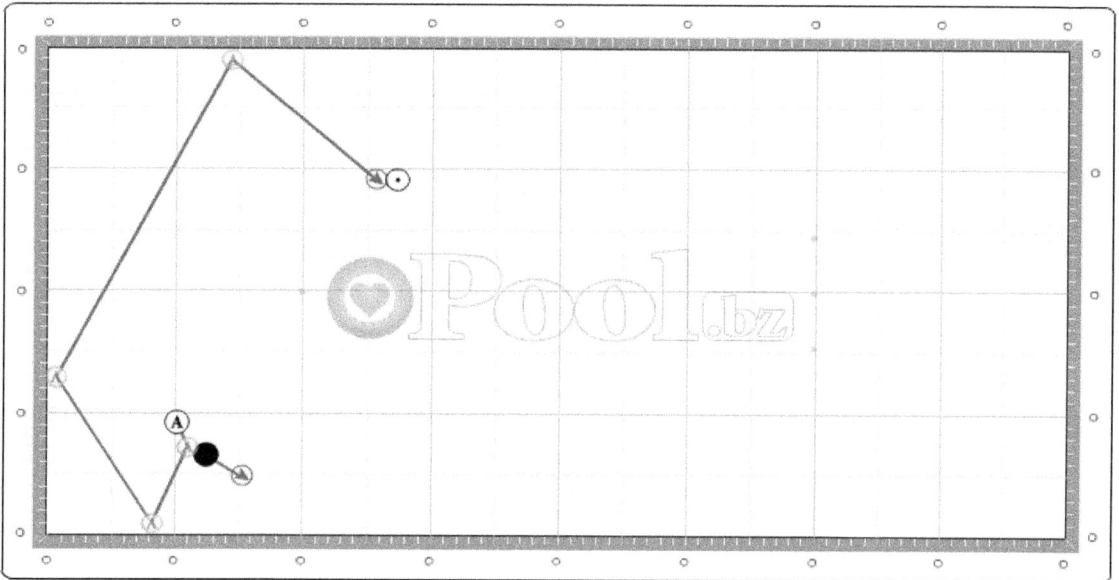

E: Verlengde eerste etappe

De (CB) reist een lange afstand af om bij de eerste (OB) te komen.

(A) (CB) (uw biljartbal) – ⊙ (OB) (tegenstander biljartbal) – ⬤ (OB) (rode biljartbal)

E: Groep 1

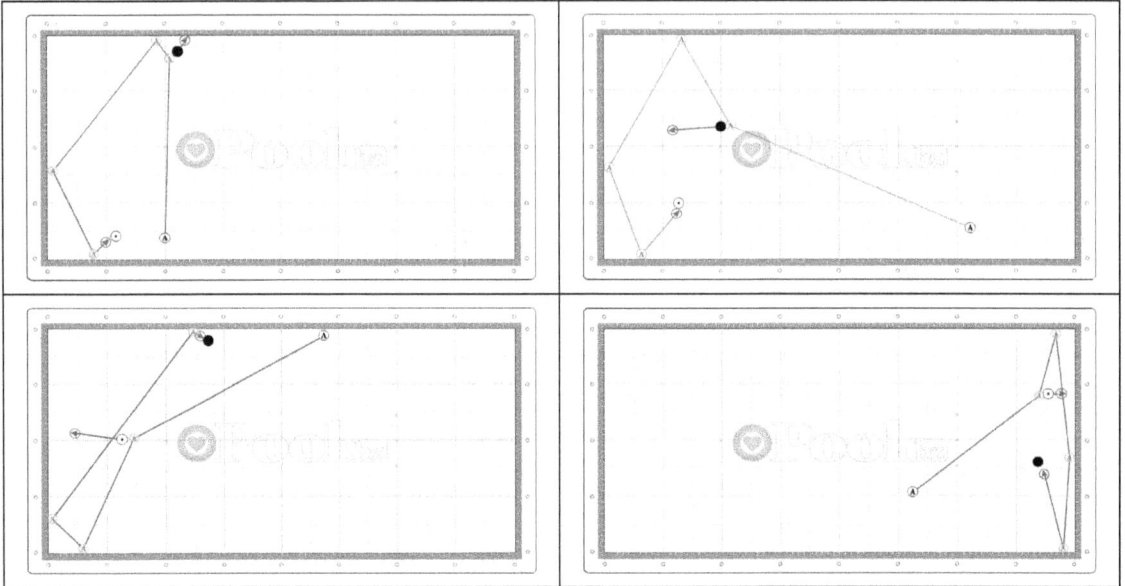

Analyse:

E:1a. _____

E:1b. _____

E:1c. _____

E:1d. _____

E:1a – Opstelling

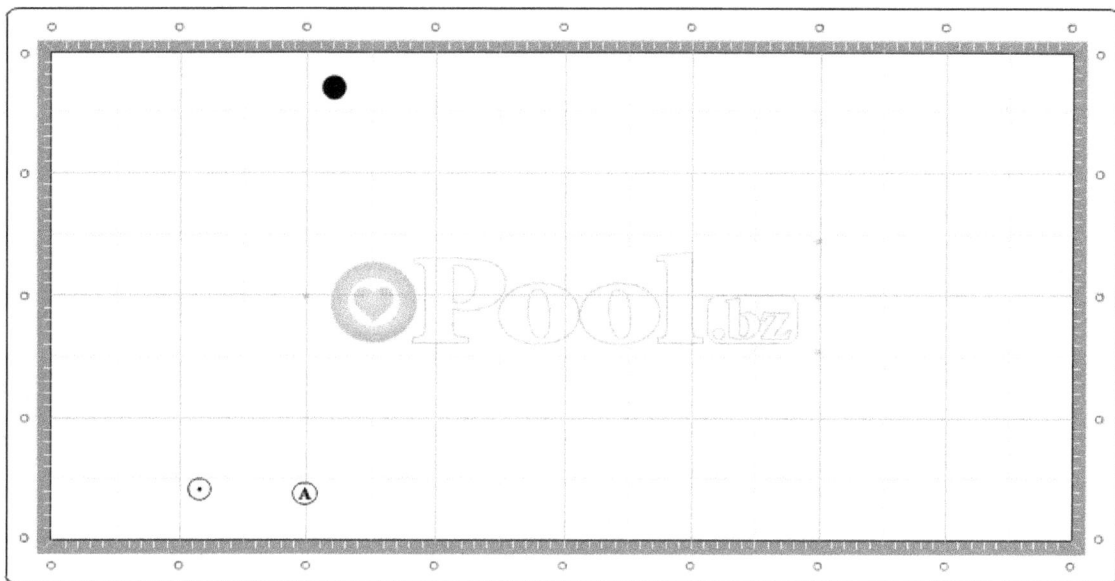

Opmerkingen en ideeën:

Schotpatroon

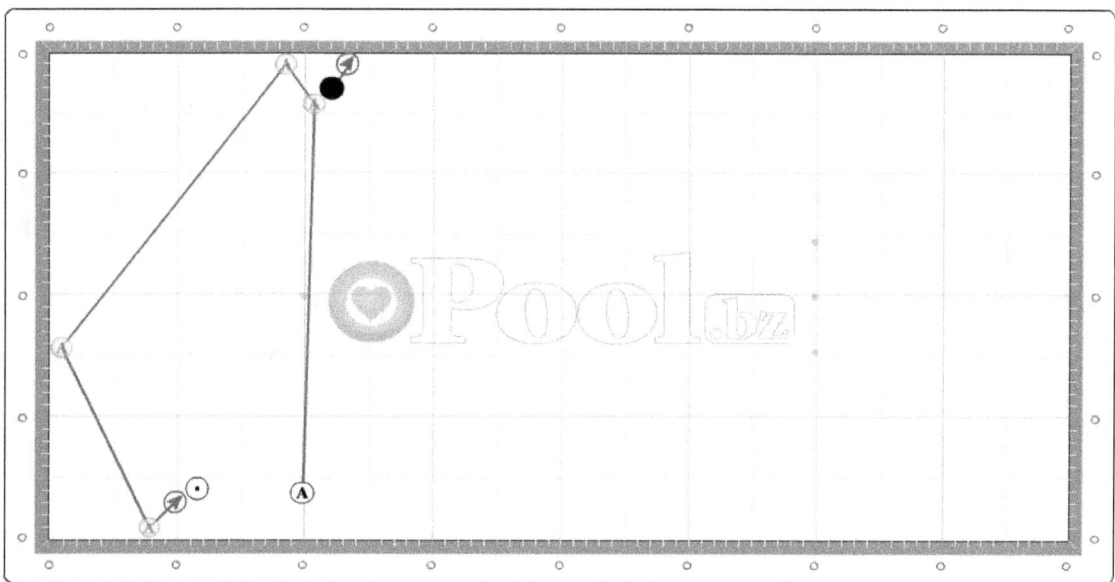

E:1b – Opstelling

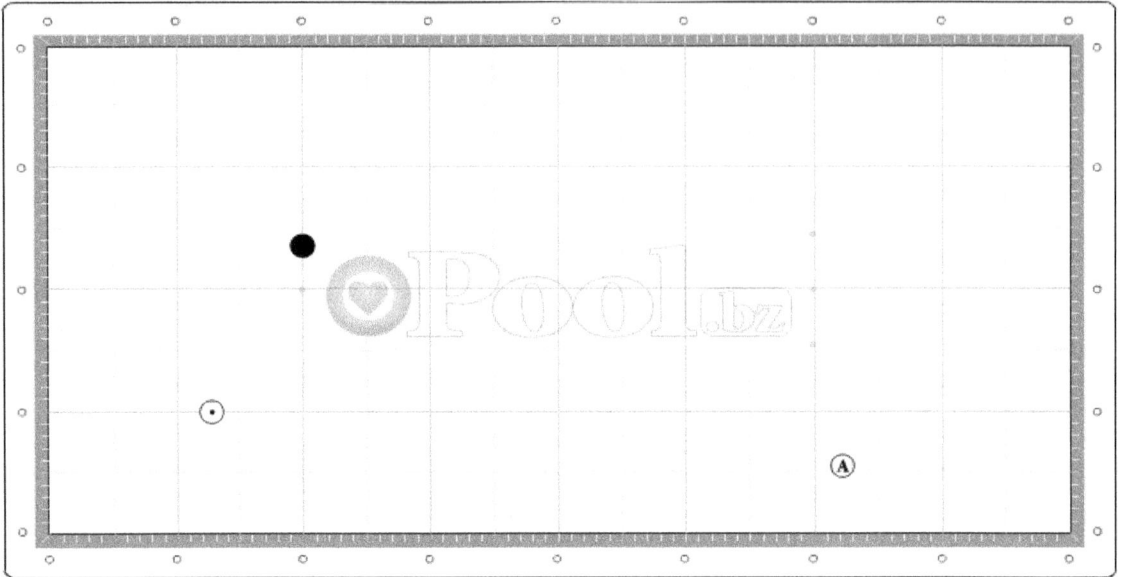

Opmerkingen en ideeën:

Schotpatroon

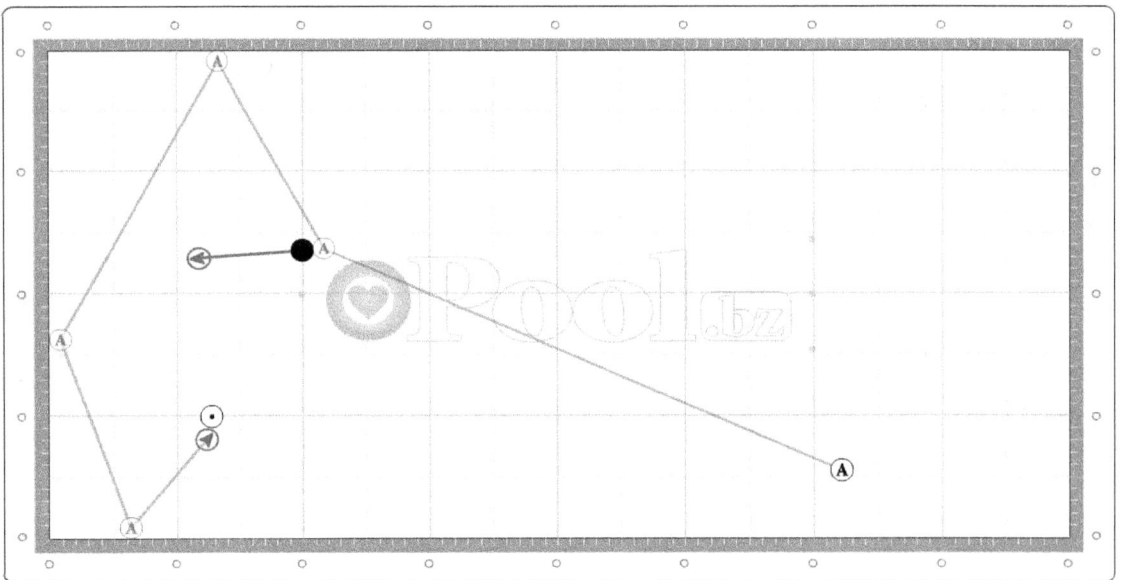

E:1c – Opstelling

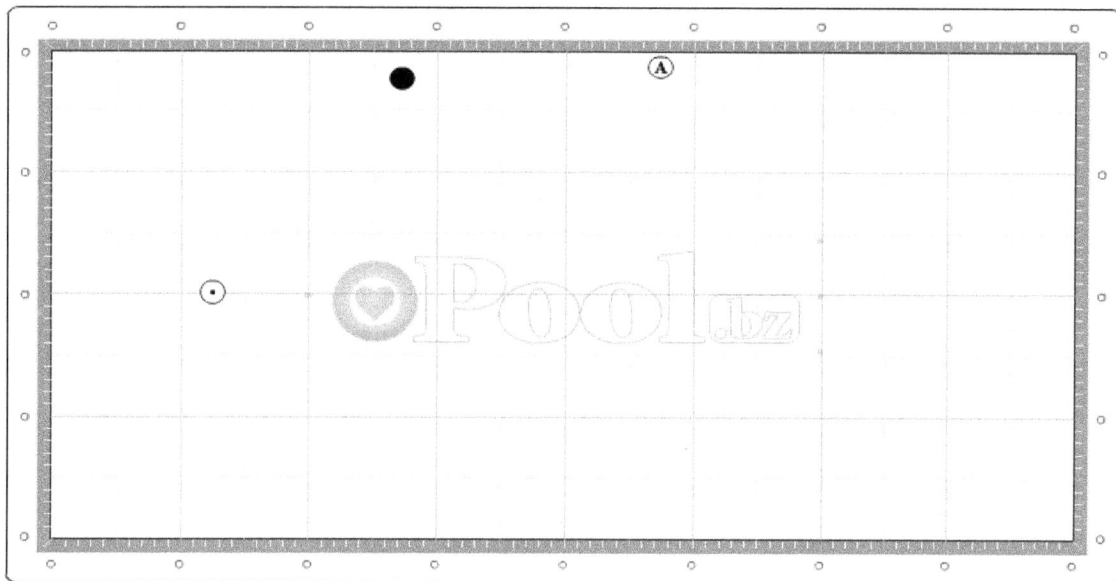

Opmerkingen en ideeën:

Schotpatroon

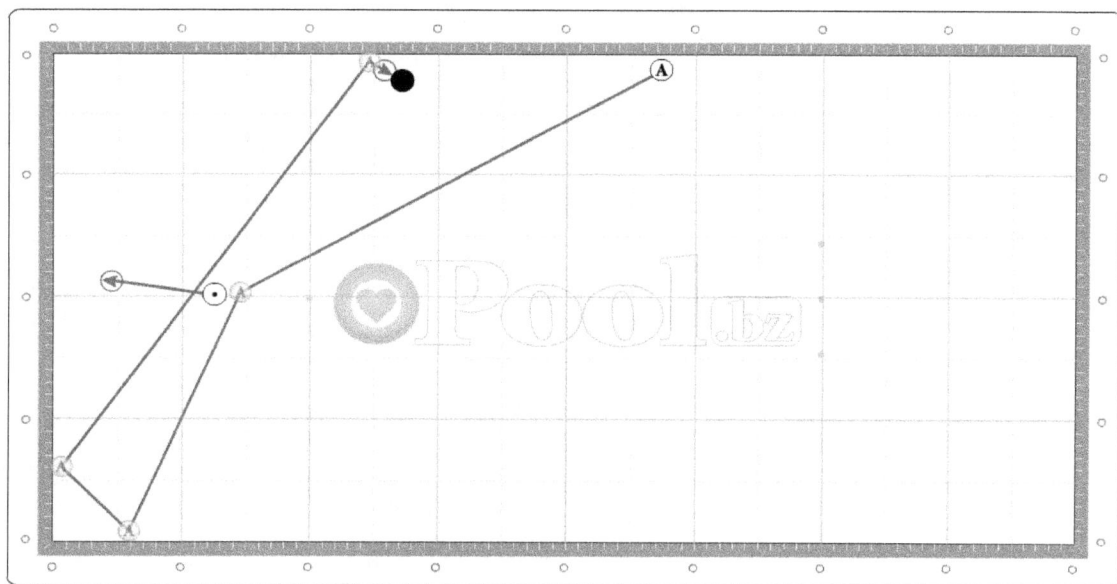

E:1d – Opstelling

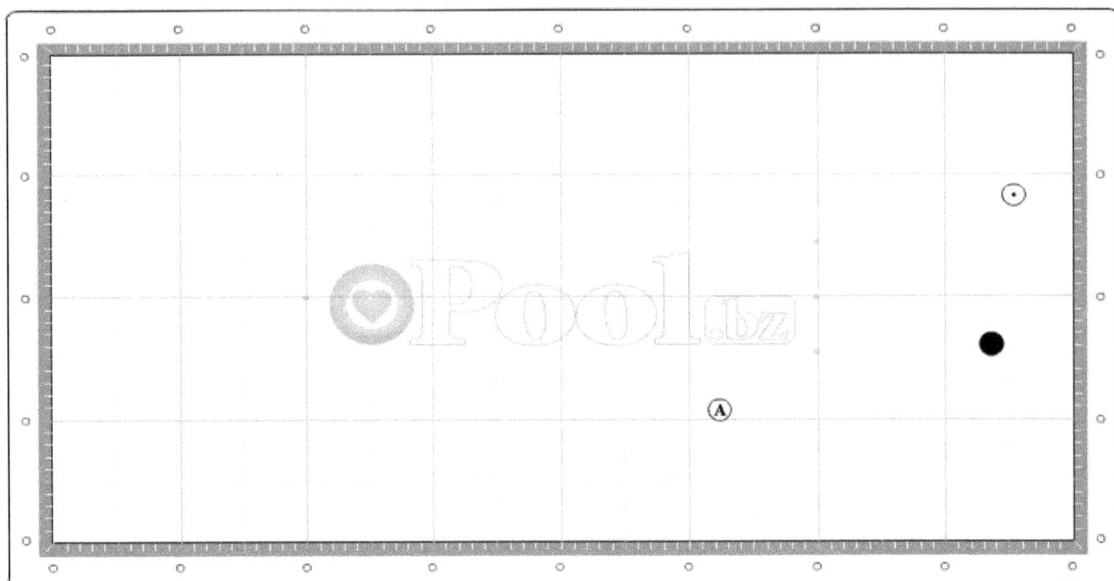

Opmerkingen en ideeën:

Schotpatroon

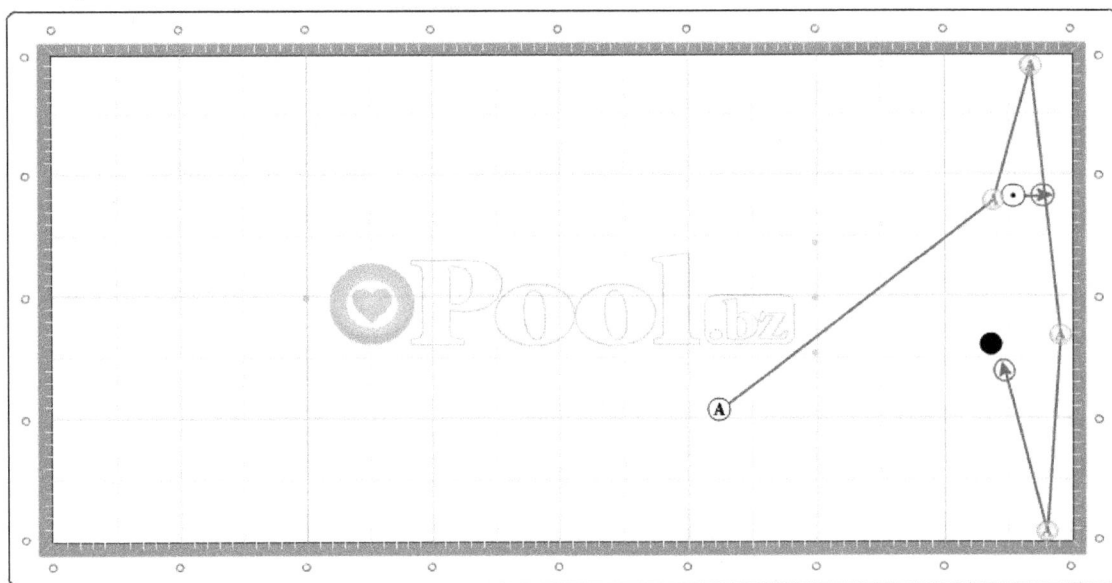

E: Groep 2

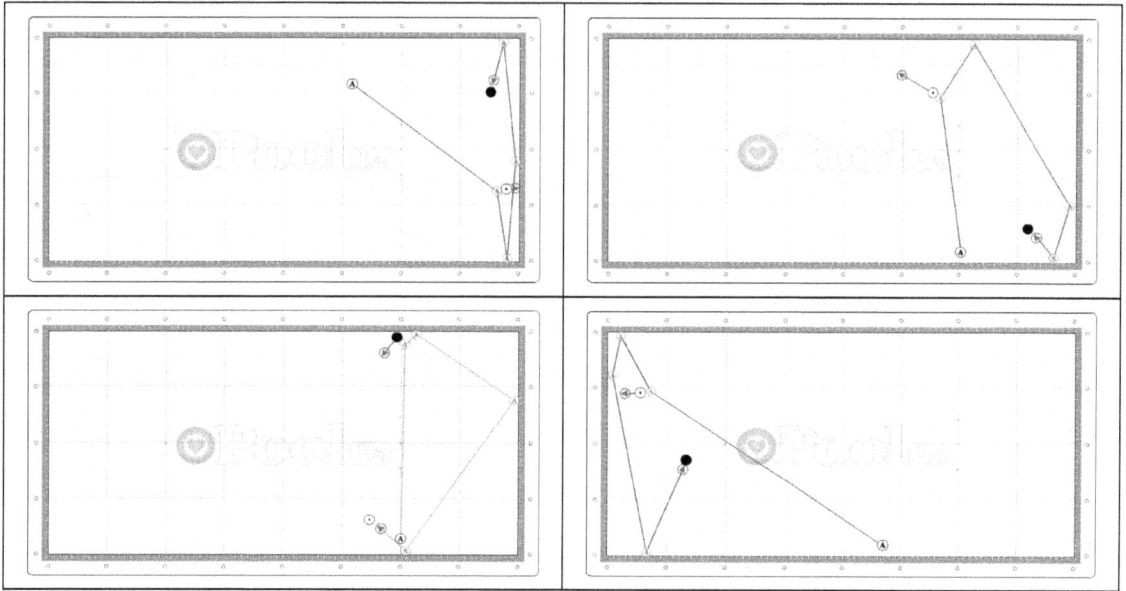

Analyse:

E:2a. _____

E:2b. _____

E:2c. _____

E:2d. _____

E:2a – Opstelling

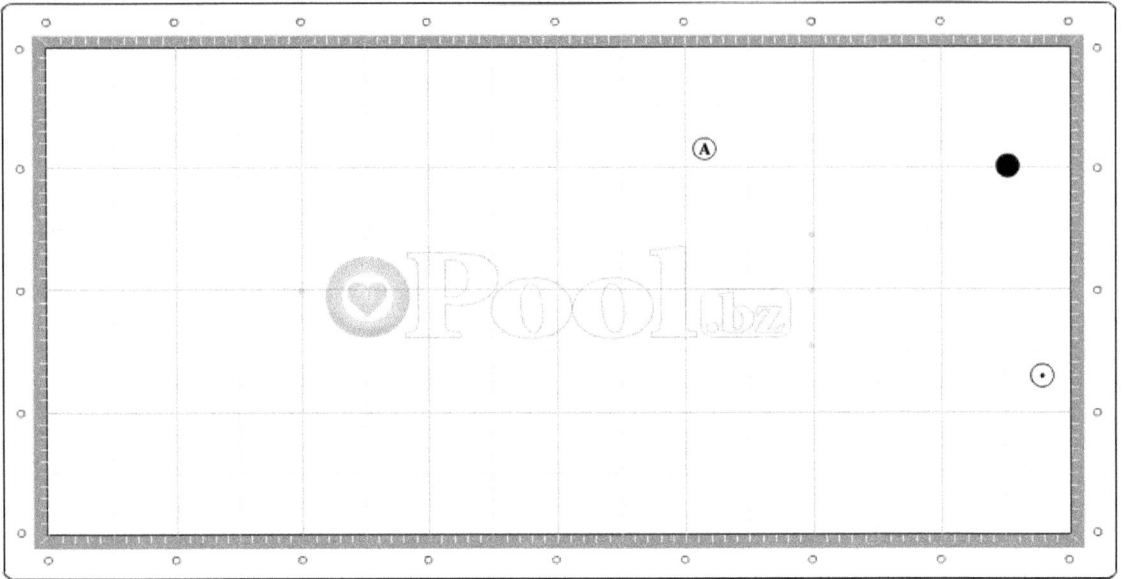

Opmerkingen en ideeën:

Schotpatroon

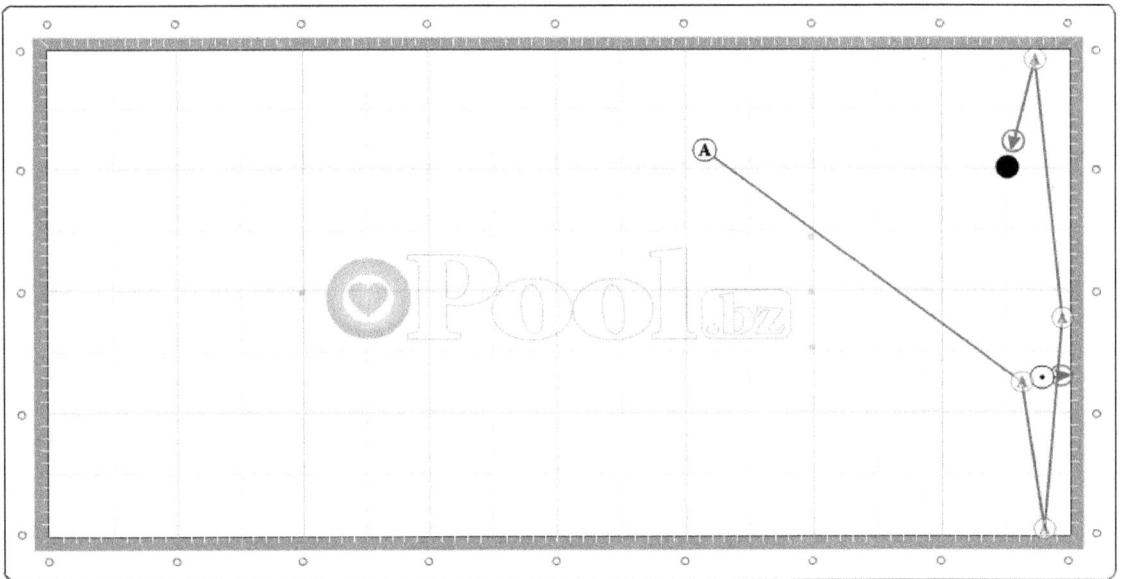

E:2b – Opstelling

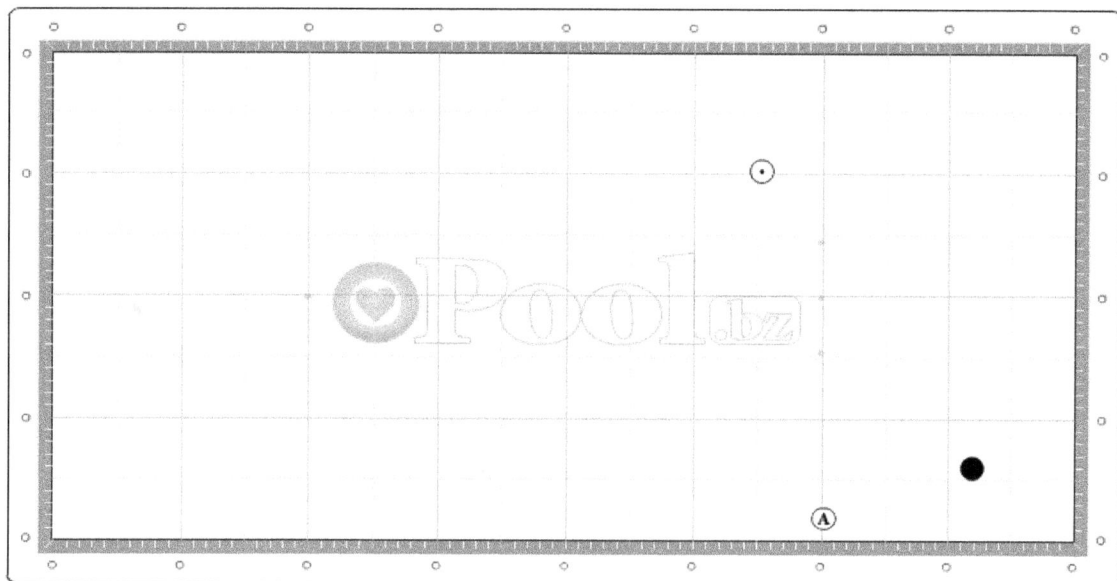

Opmerkingen en ideeën:

Schotpatroon

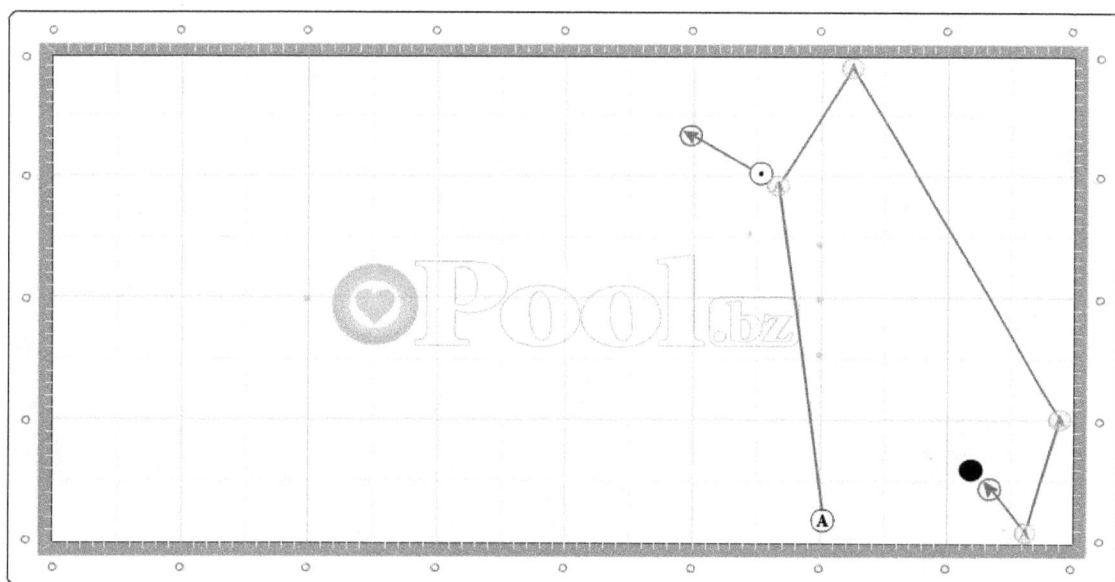

E:2c – Opstelling

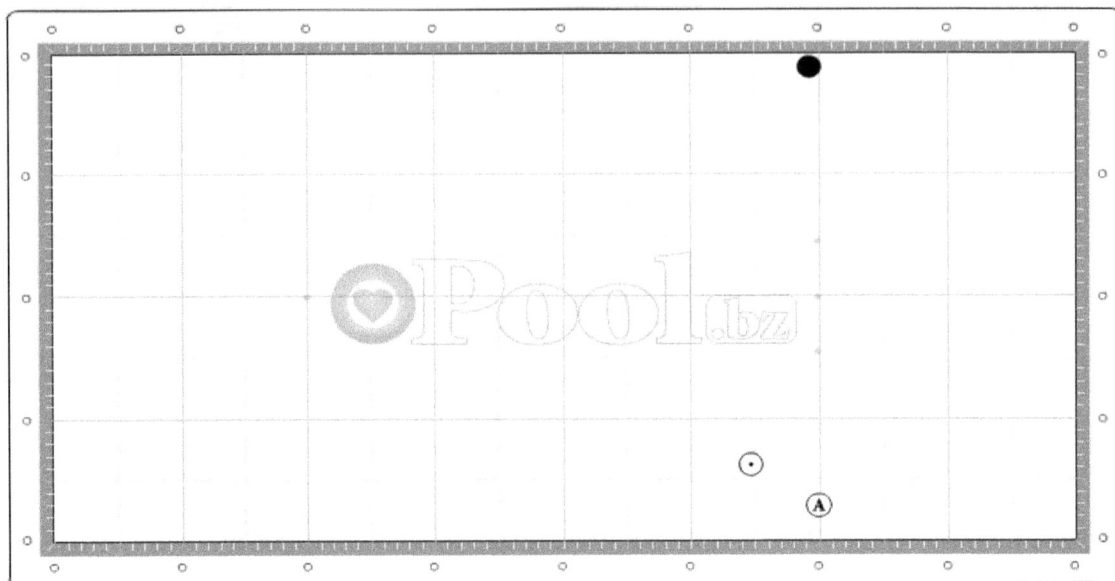

Opmerkingen en ideeën:

Schotpatroon

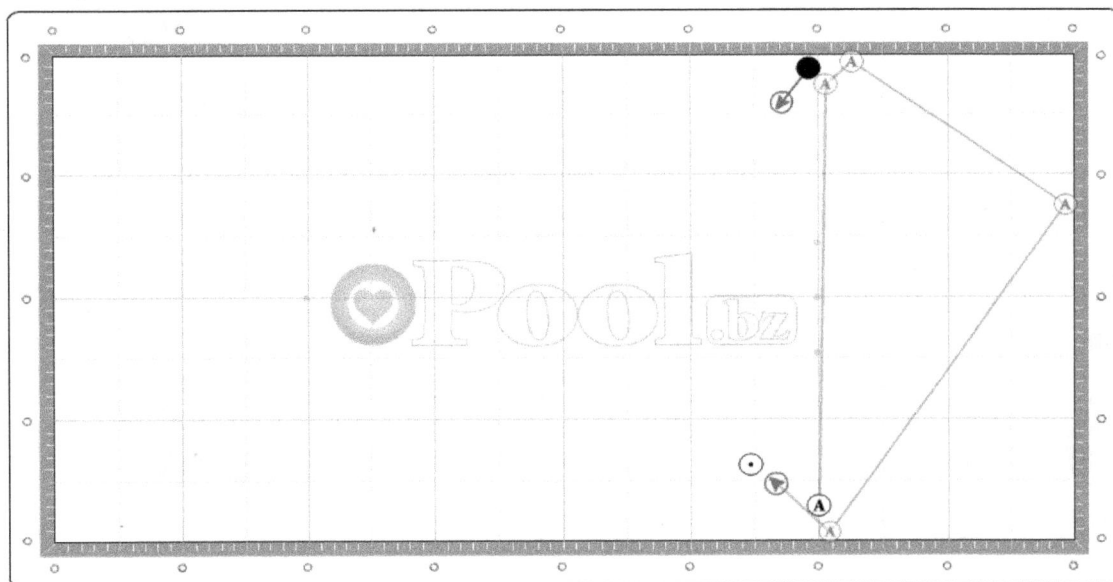

E:2d – Opstelling

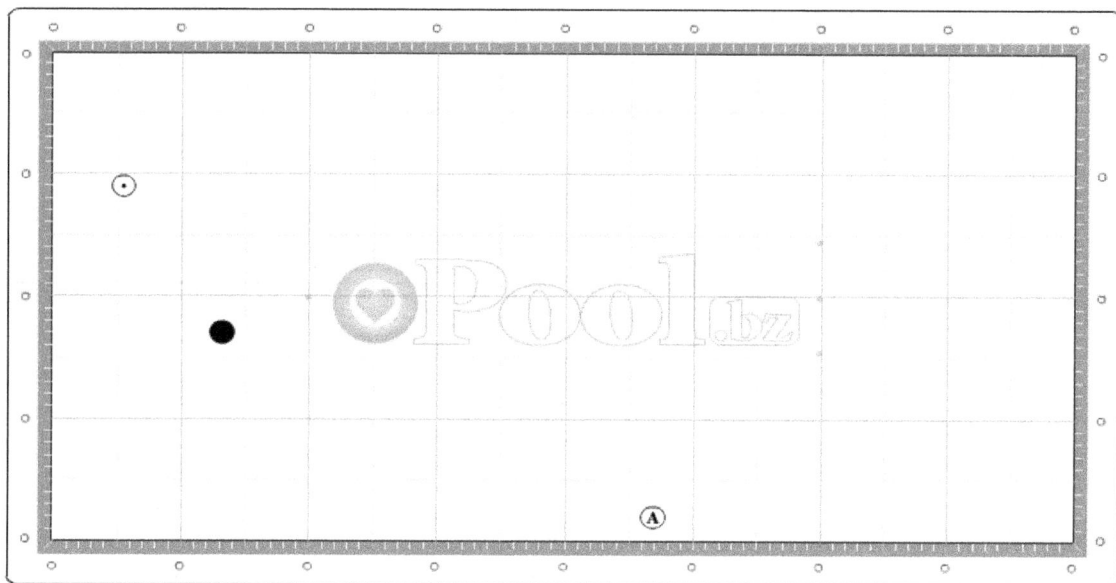

Opmerkingen en ideeën:

Schotpatroon

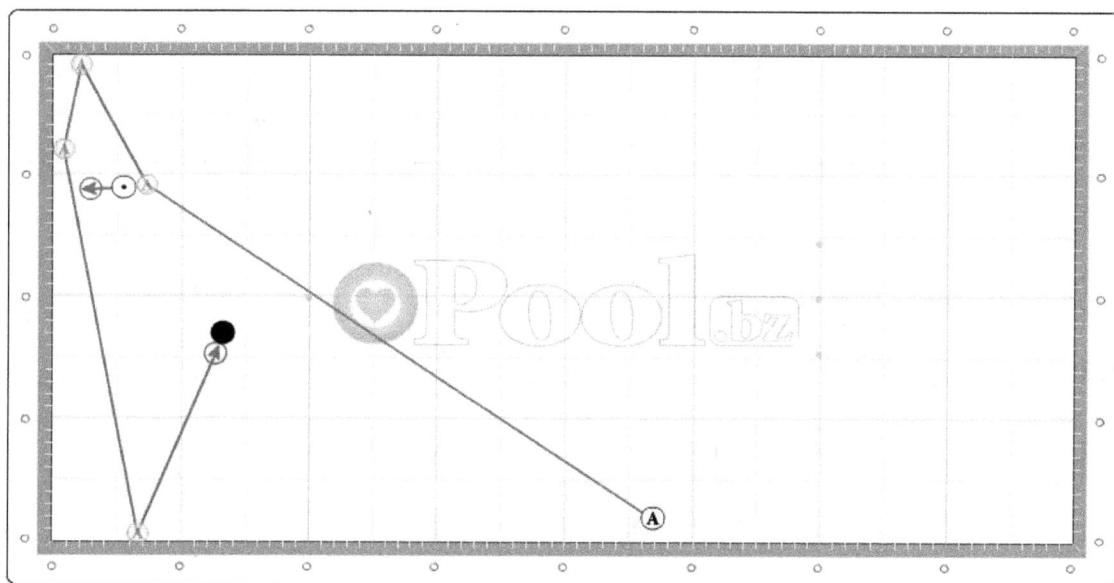

E: Groep 3

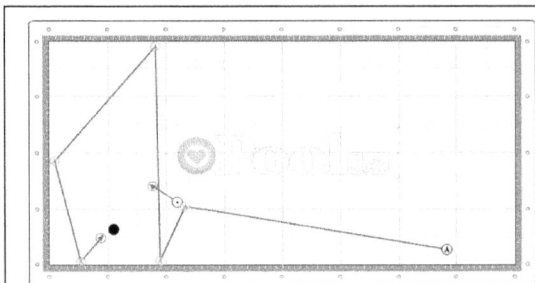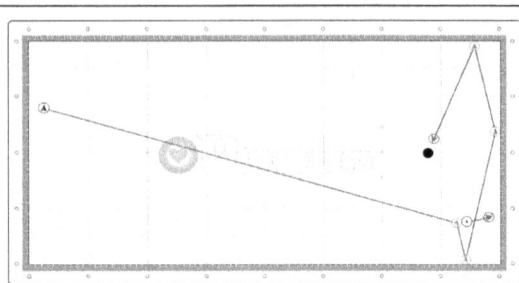

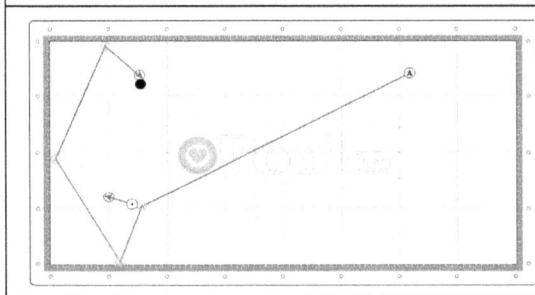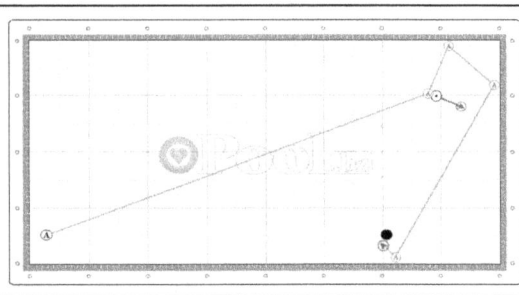

Analyse:

E:3a. _____

E:3b. _____

E:3c. _____

E:3d. _____

E:3a – Opstelling

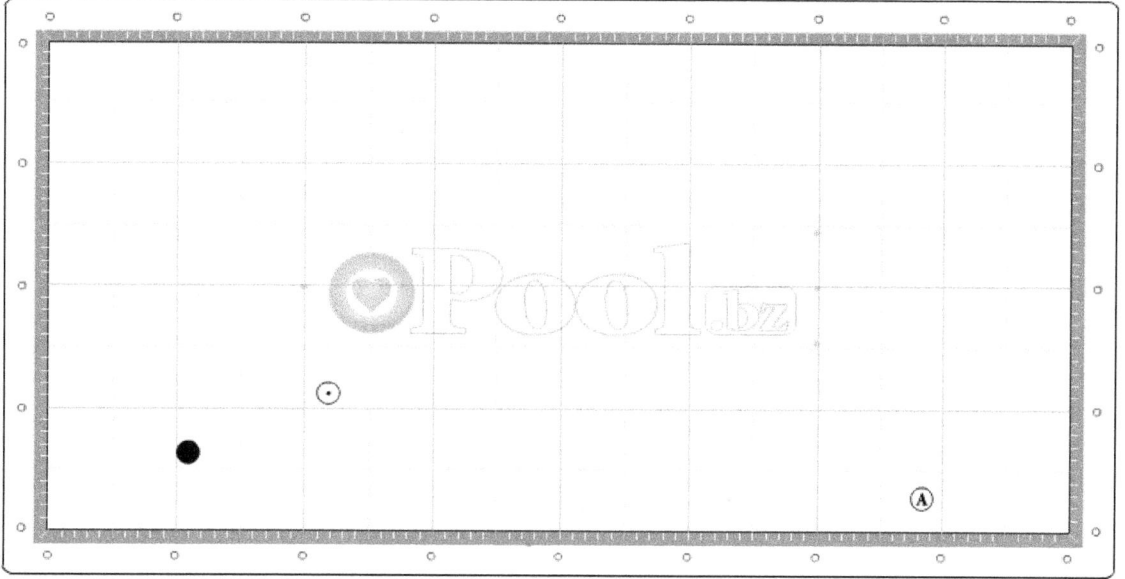

Opmerkingen en ideeën:

Schotpatroon

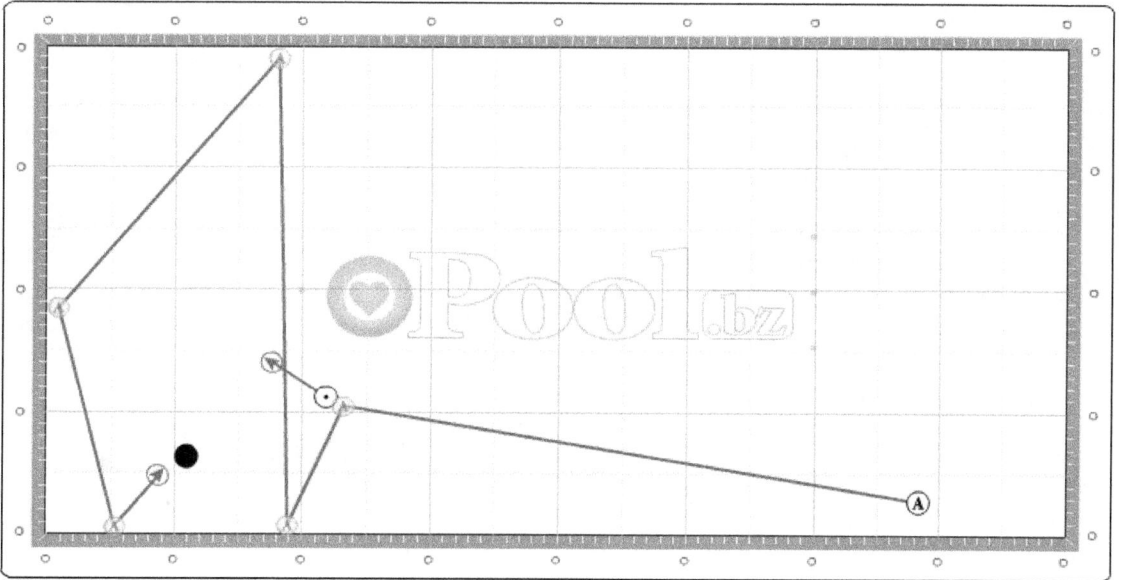

E:3b – Opstelling

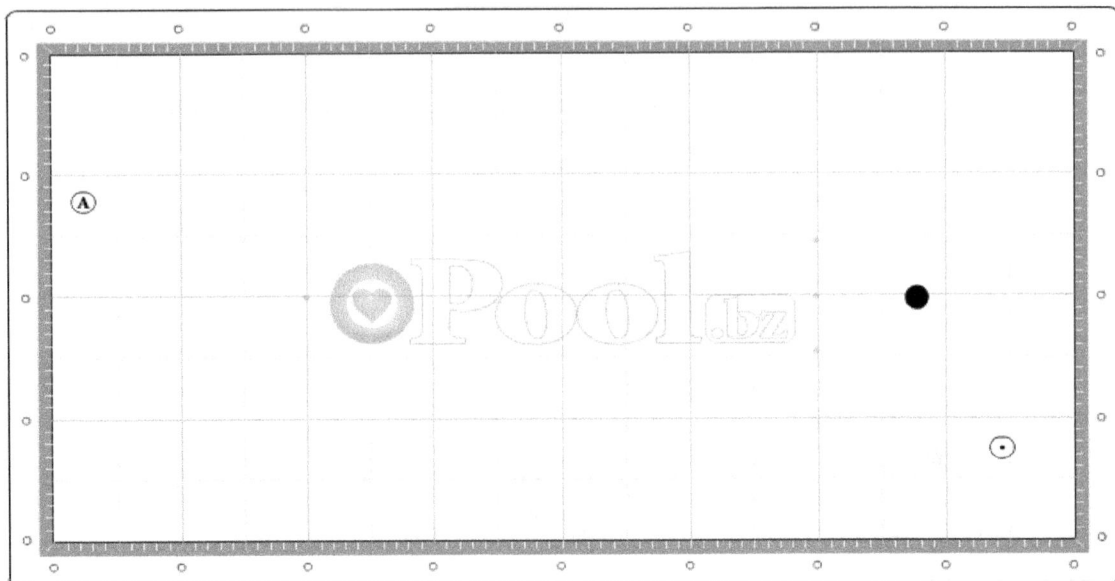

Opmerkingen en ideeën:

Schotpatroon

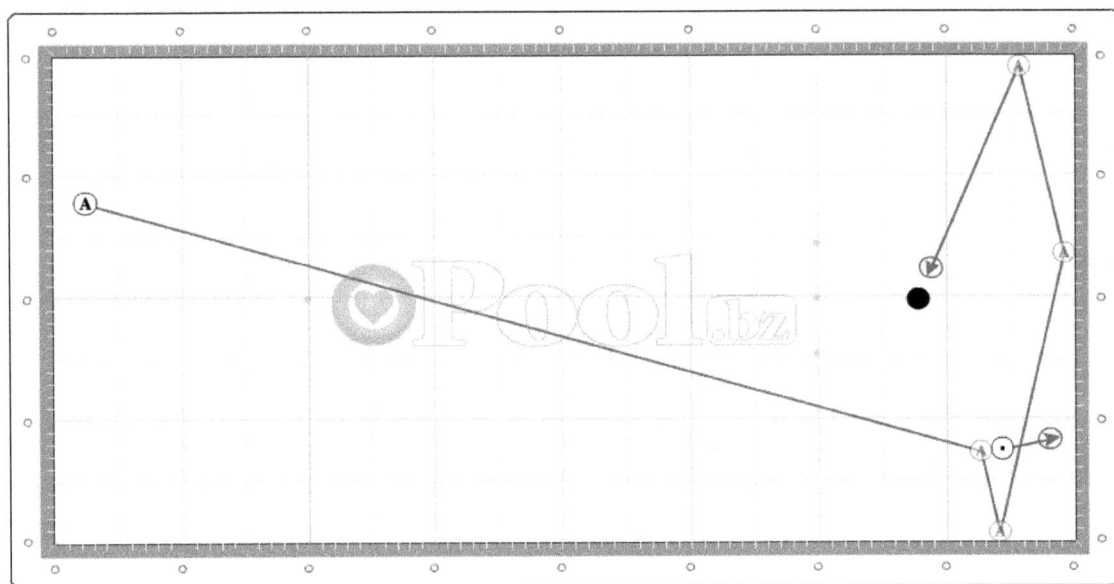

E:3c – Opstelling

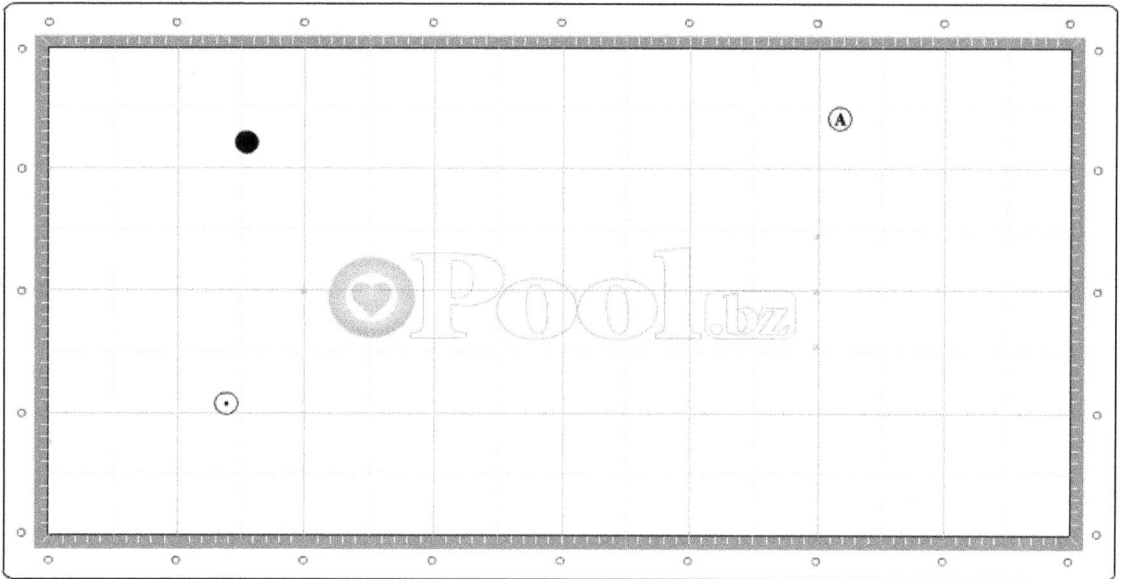

Opmerkingen en ideeën:

Schotpatroon

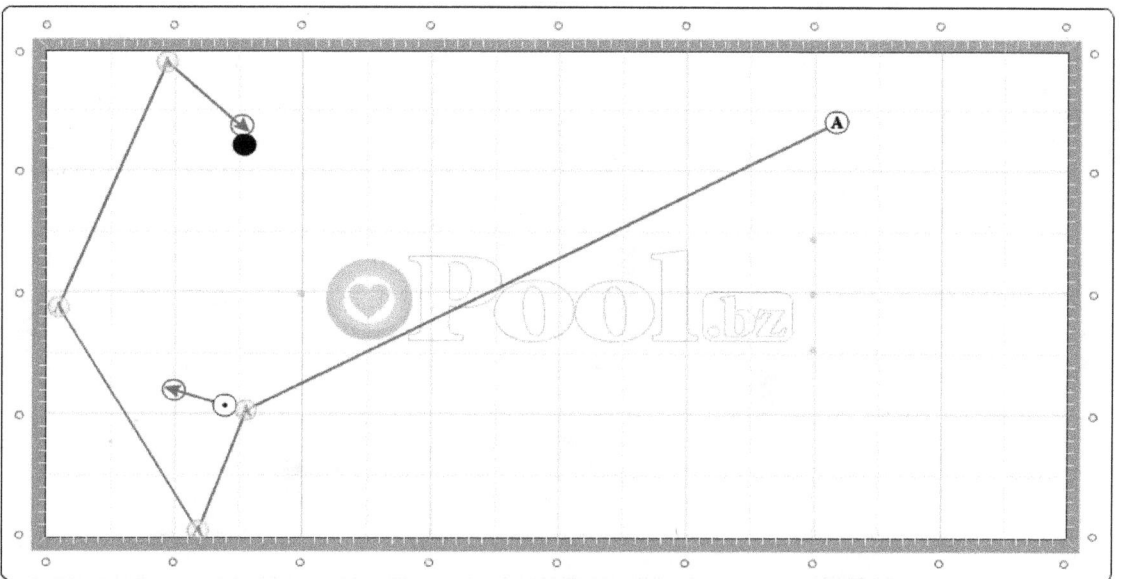

E:3d – Opstelling

Opmerkingen en ideeën:

Schotpatroon

F: Derde been (verlengd)

Nadat de (CB) van de eerste (OB) komt, gaat hij in het lange biljartbanden. Het gaat in het korte biljartbanden en het lange biljartbanden, en reist dan een lange afstand naar de tweede (OB).

Ⓐ (CB) (uw biljartbal) – ☉ (OB) (tegenstander biljartbal) – ⬤ (OB) (rode biljartbal)

F: Groep 1

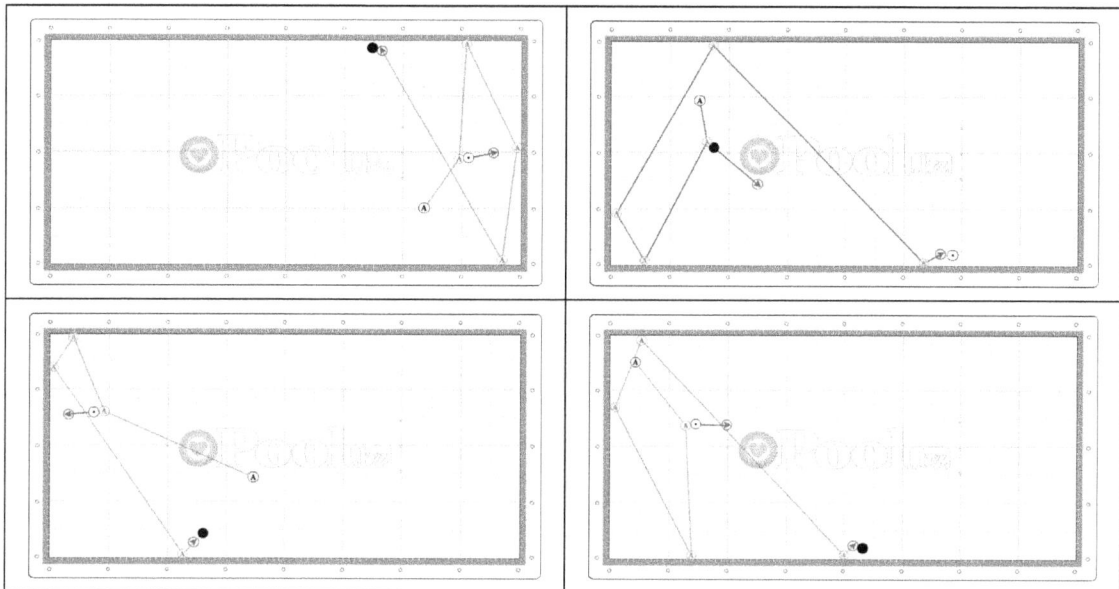

Analyse:

F:1a. _____

F:1b. _____

F:1c. _____

F:1d. _____

F:1a – Opstelling

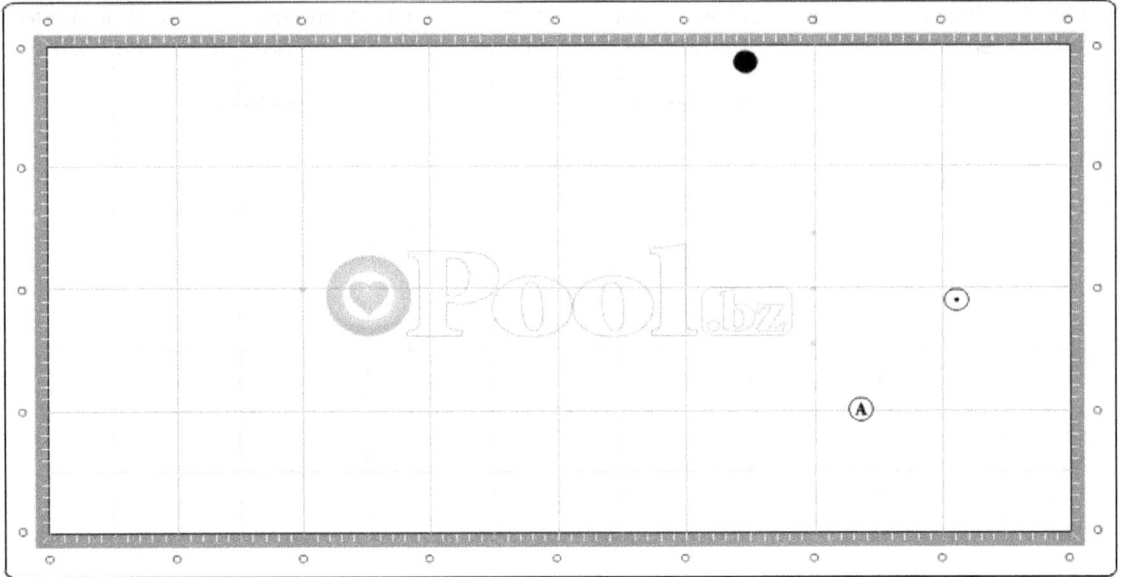

Opmerkingen en ideeën:

Schotpatroon

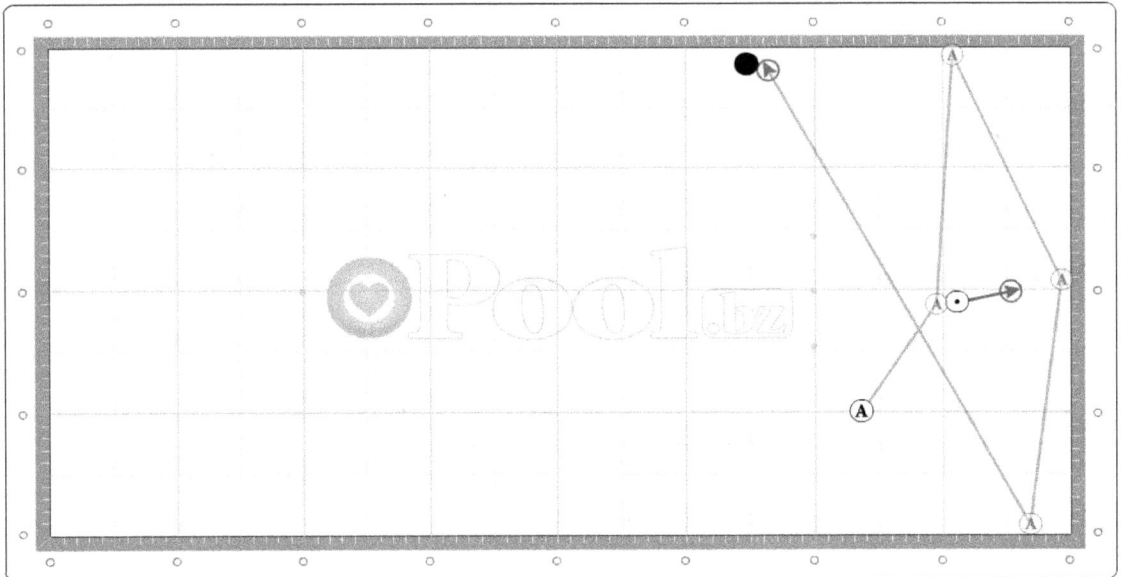

F:1b – Opstelling

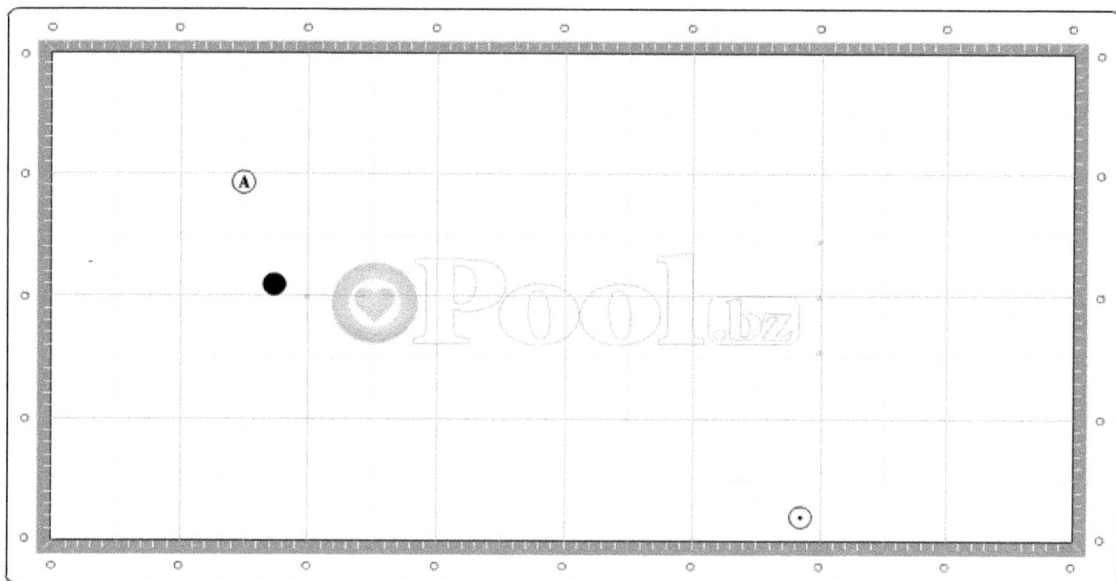

Opmerkingen en ideeën:

Schotpatroon

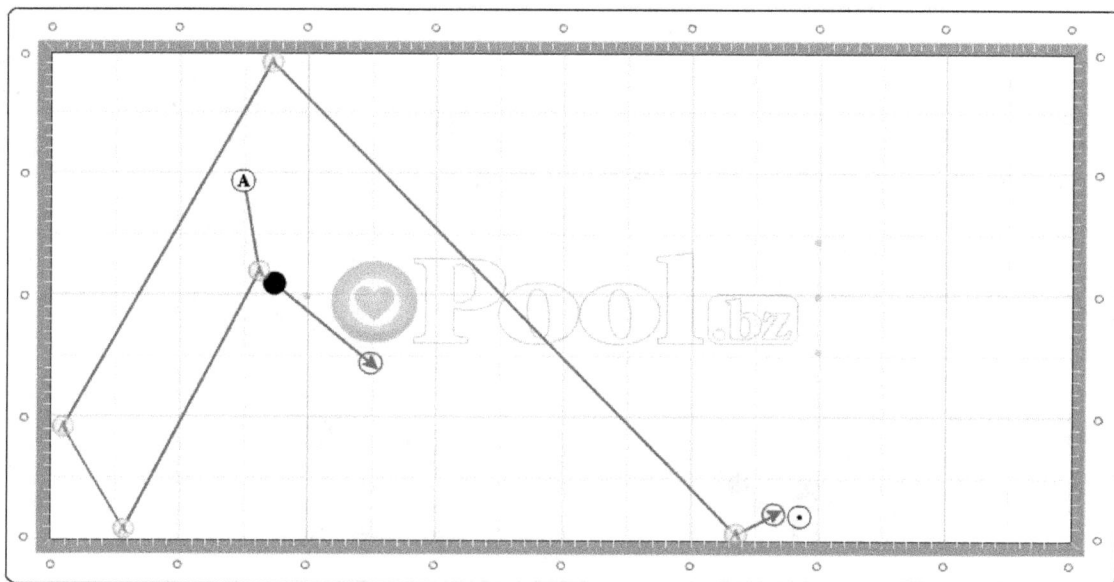

F:1c – Opstelling

Opmerkingen en ideeën:

Schotpatroon

F:1d – Opstelling

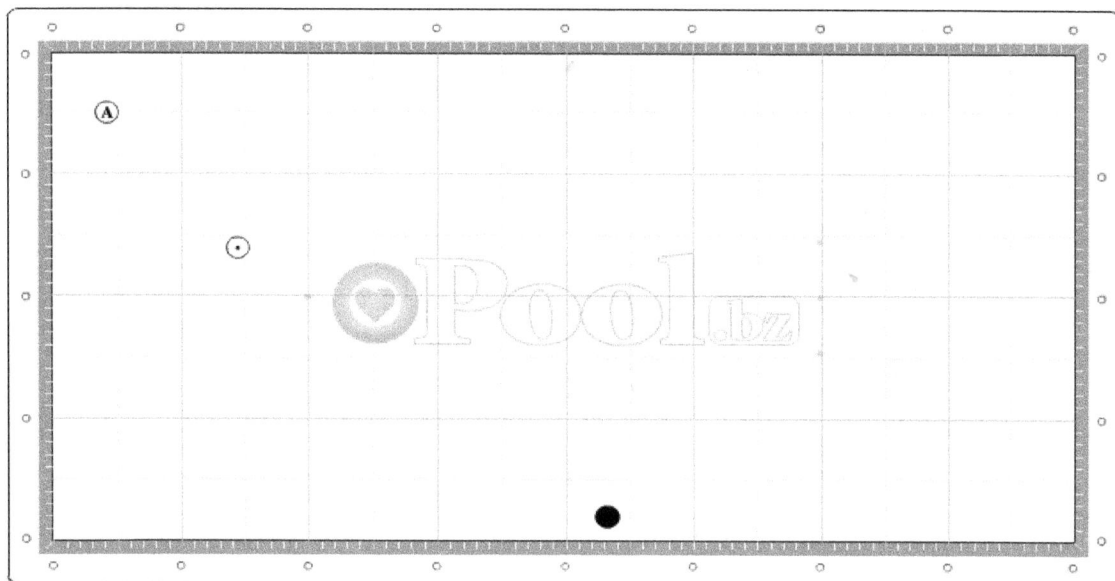

Opmerkingen en ideeën:

Schotpatroon

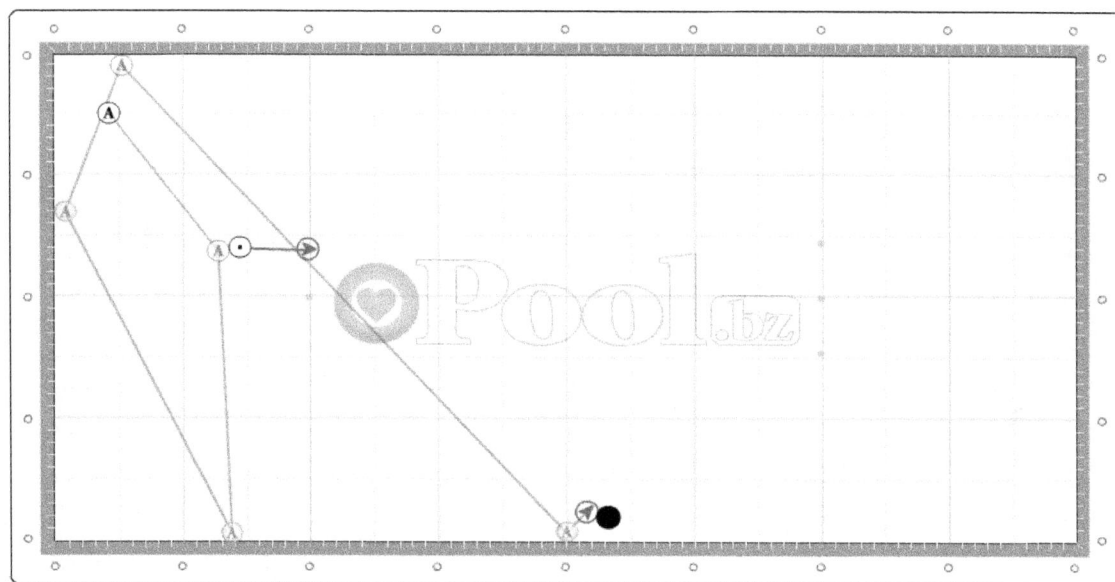

F: Groep 2

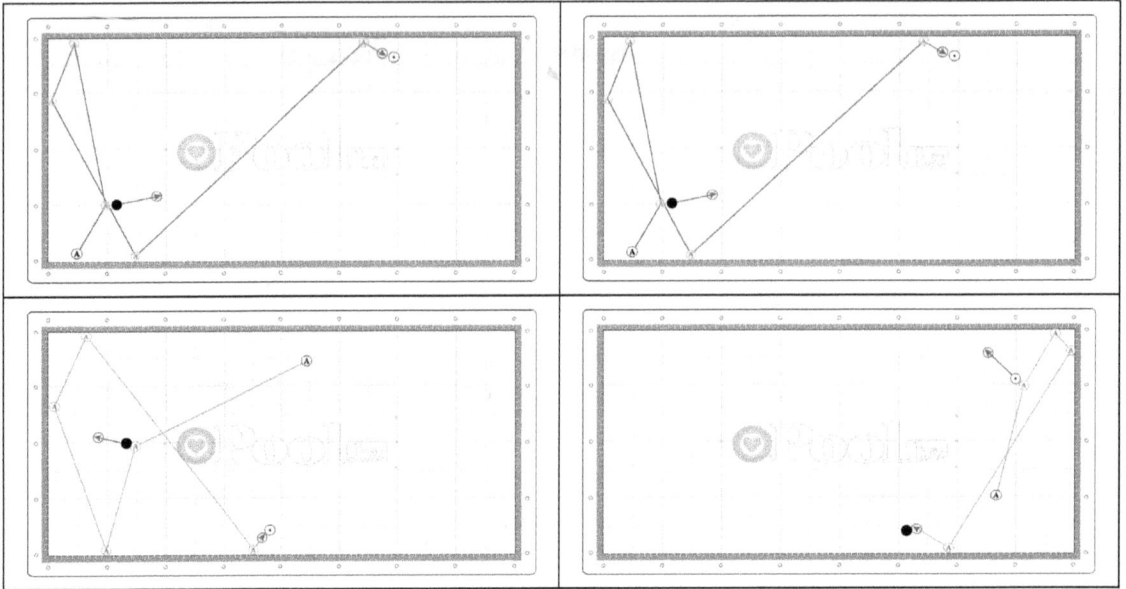

Analyse:

F:2a. _____

F:2b. _____

F:2c. _____

F:2d. _____

F:2a – Opstelling

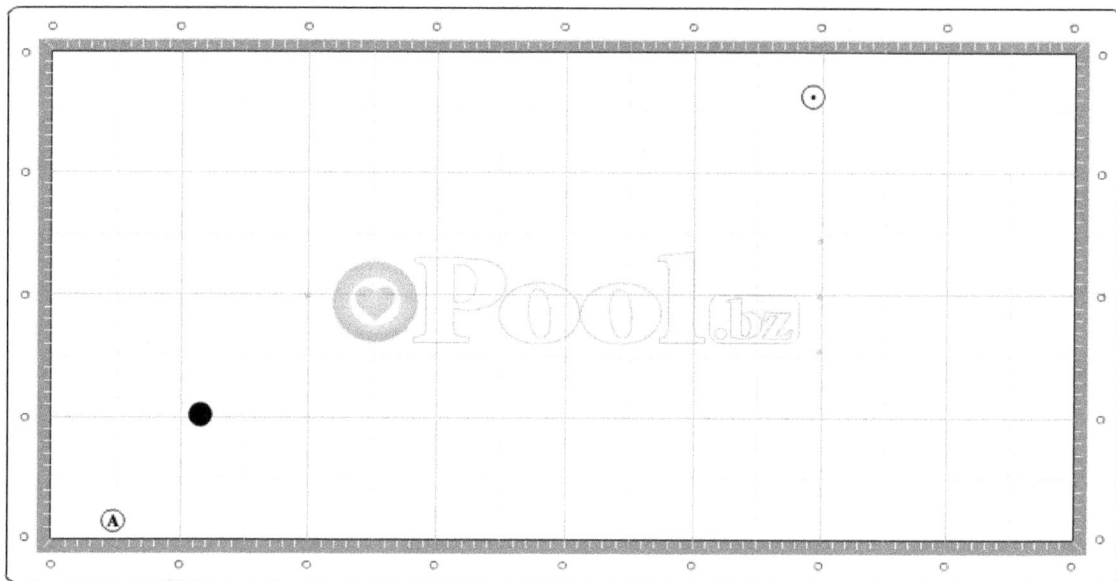

Opmerkingen en ideeën:

Schotpatroon

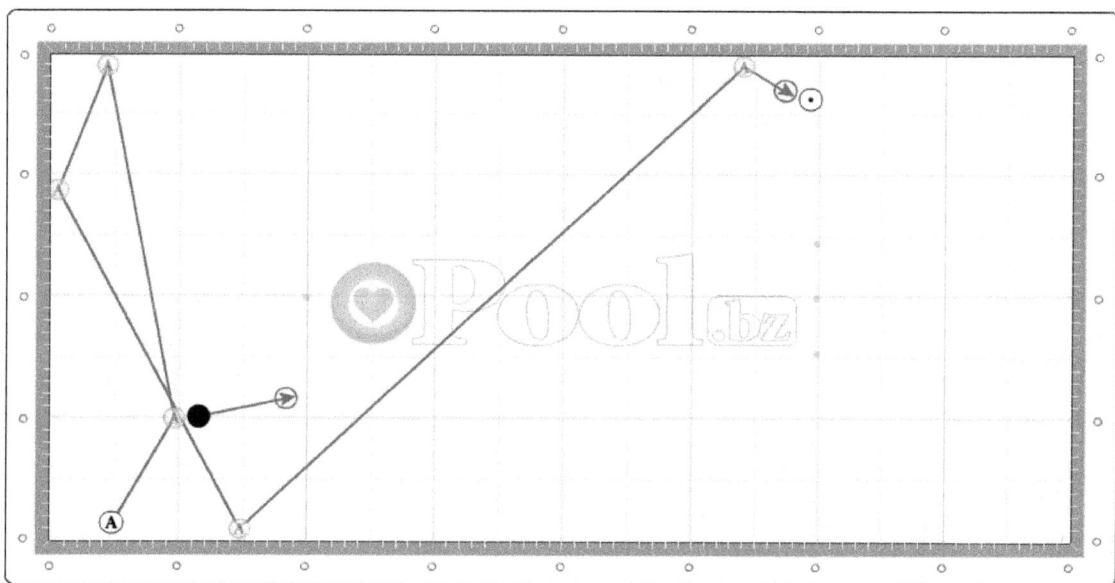

F:2b – Opstelling

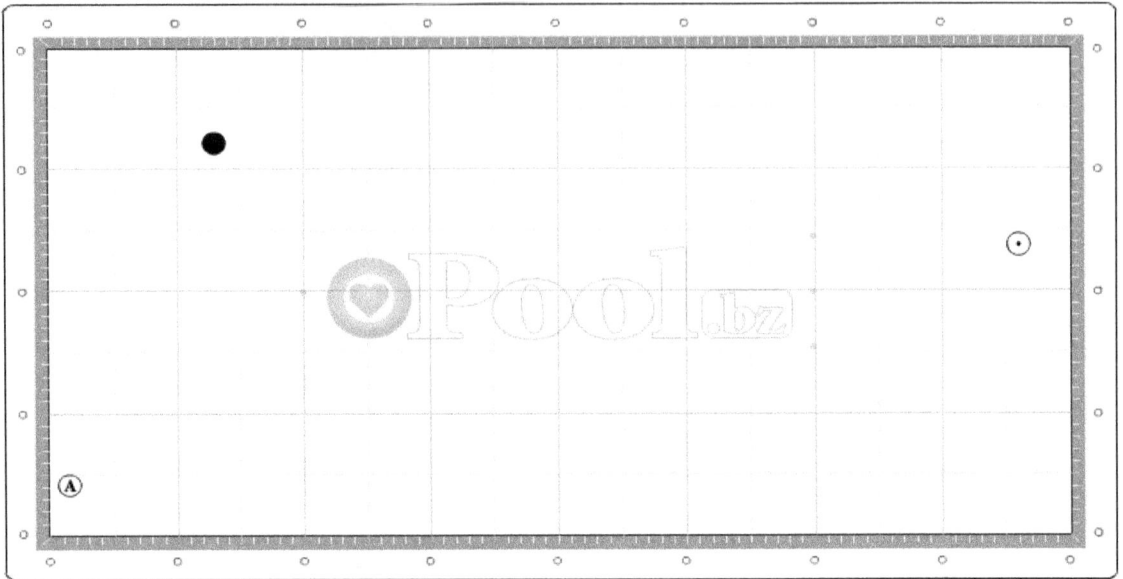

Opmerkingen en ideeën:

Schotpatroon

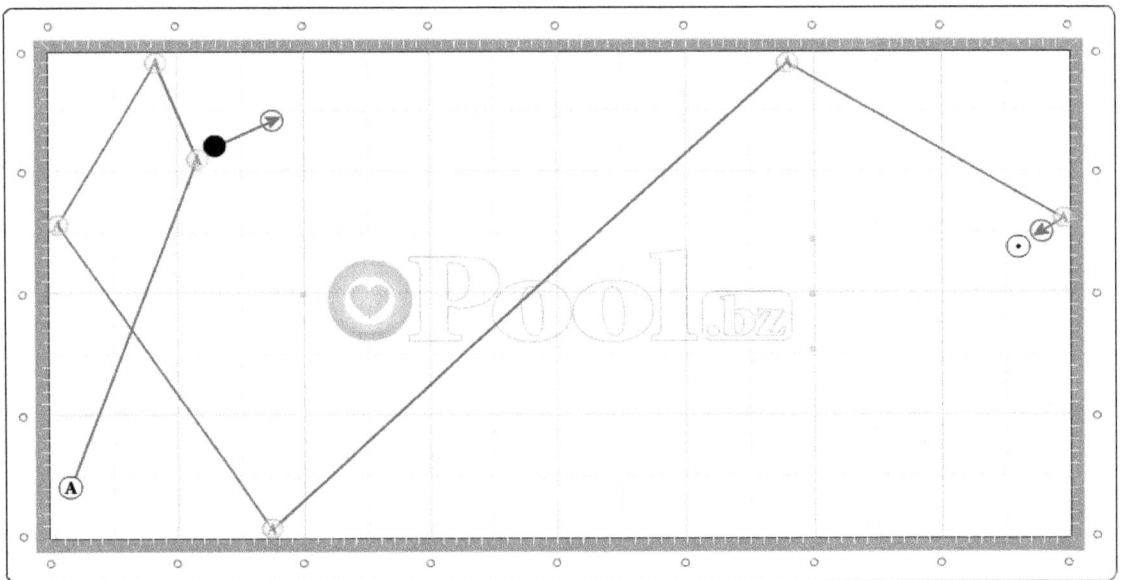

F:2c – Opstelling

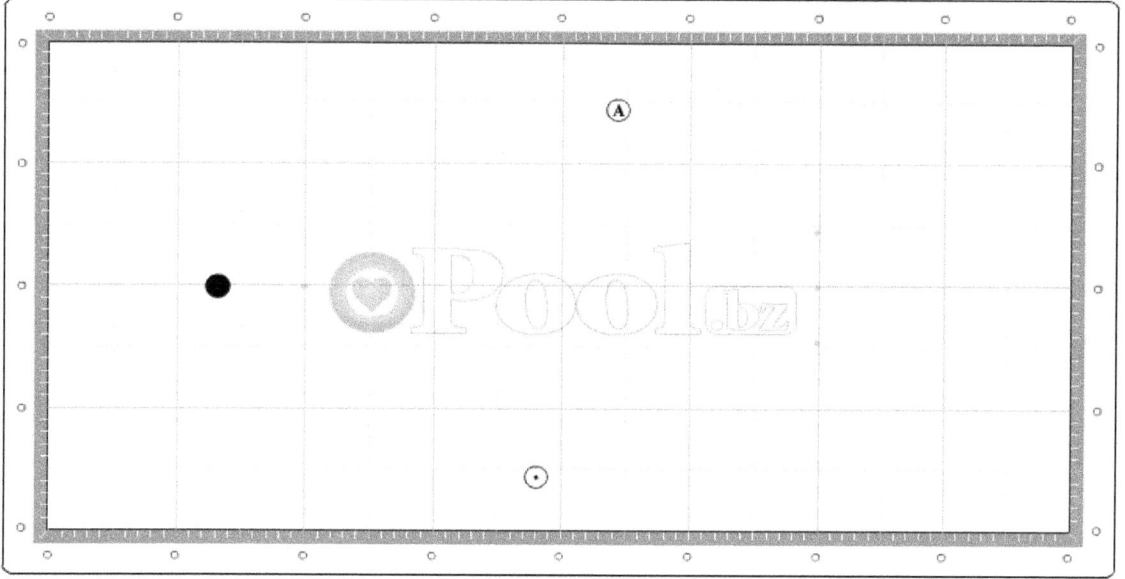

Opmerkingen en ideeën:

Schotpatroon

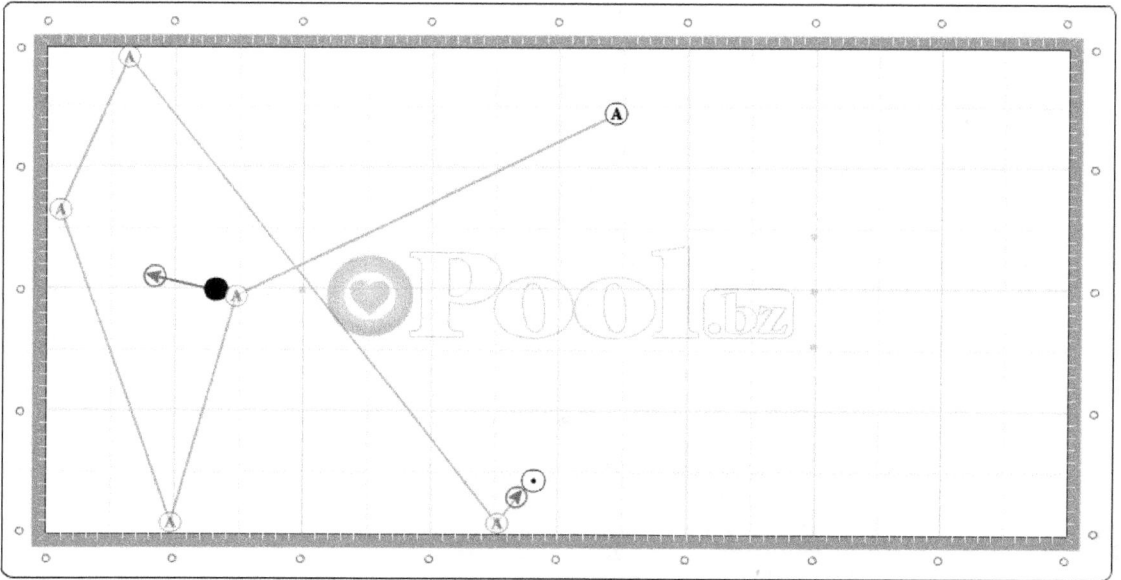

F:2d – Opstelling

Opmerkingen en ideeën:

Schotpatroon

F: Groep 3

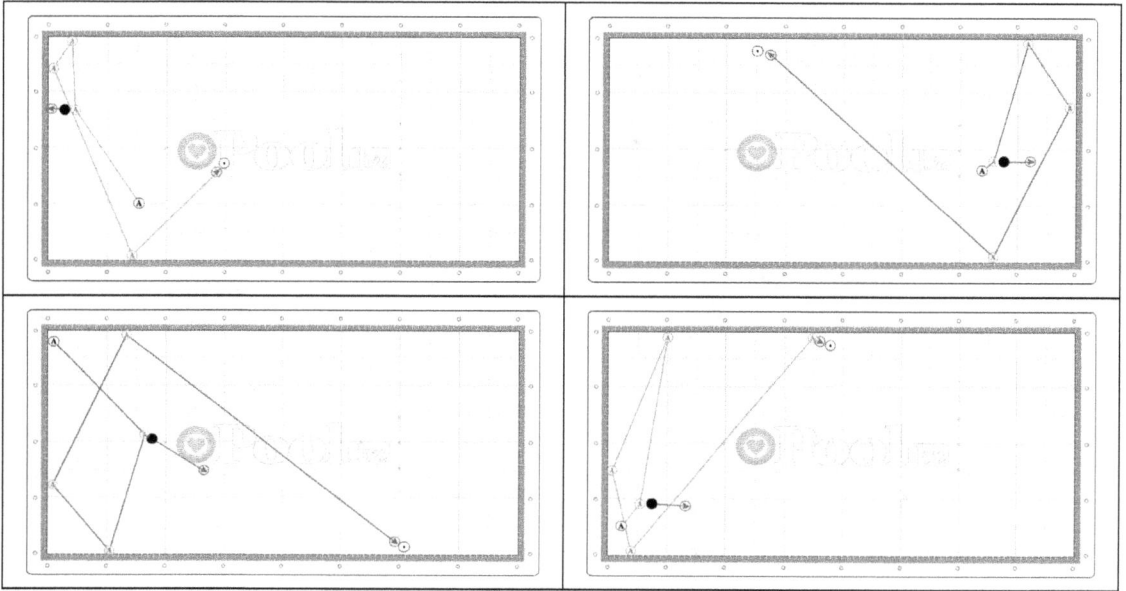

Analyse:

F:3a. _____

F:3b. _____

F:3c. _____

F:3d. _____

F:3a – Opstelling

Opmerkingen en ideeën:

Schotpatroon

F:3b – Opstelling

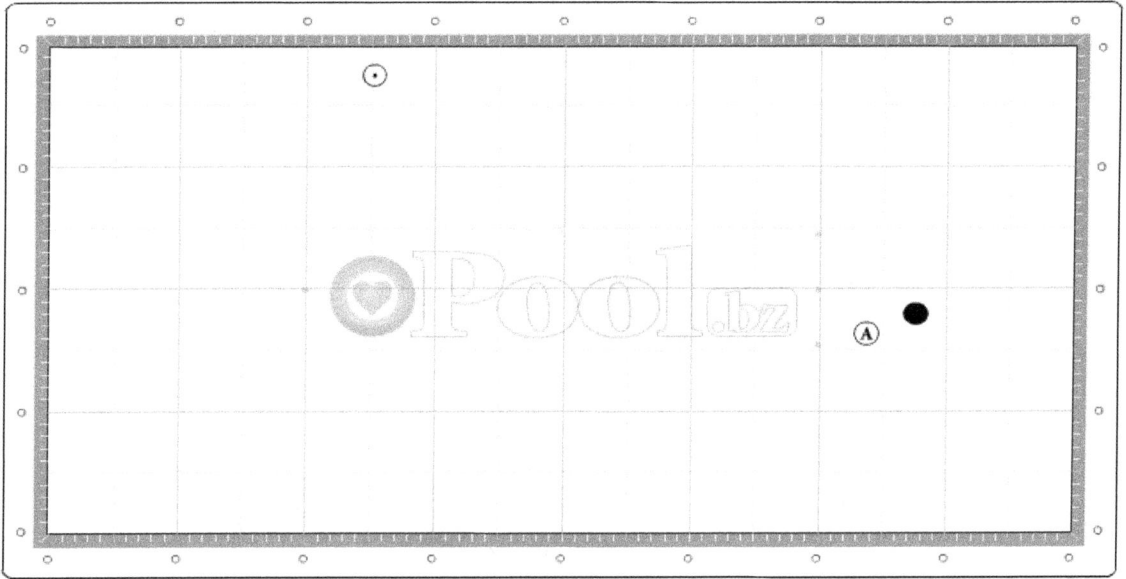

Opmerkingen en ideeën:

Schotpatroon

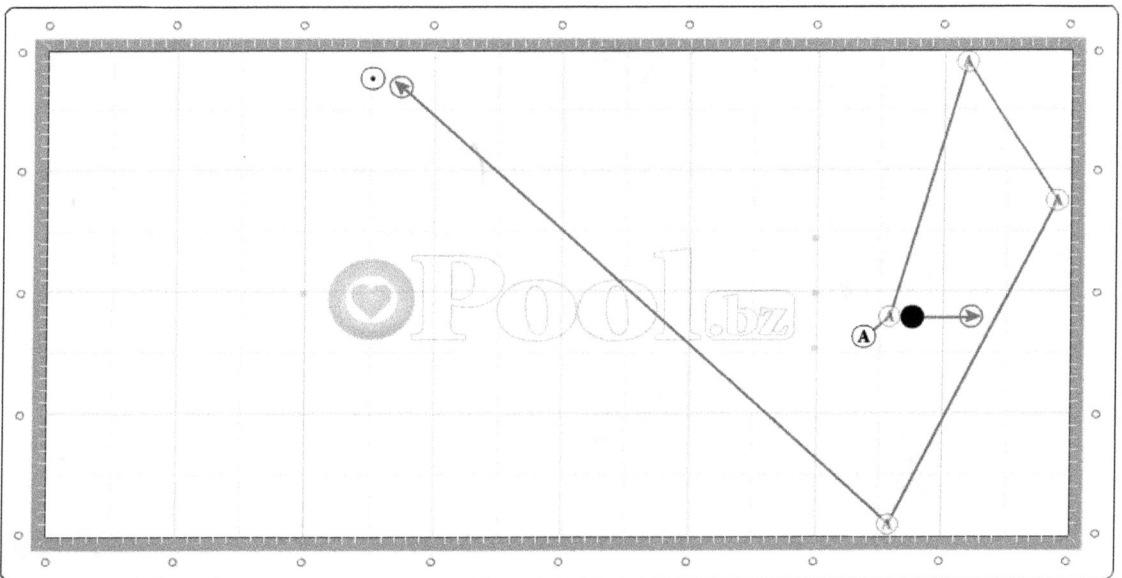

F:3c – Opstelling

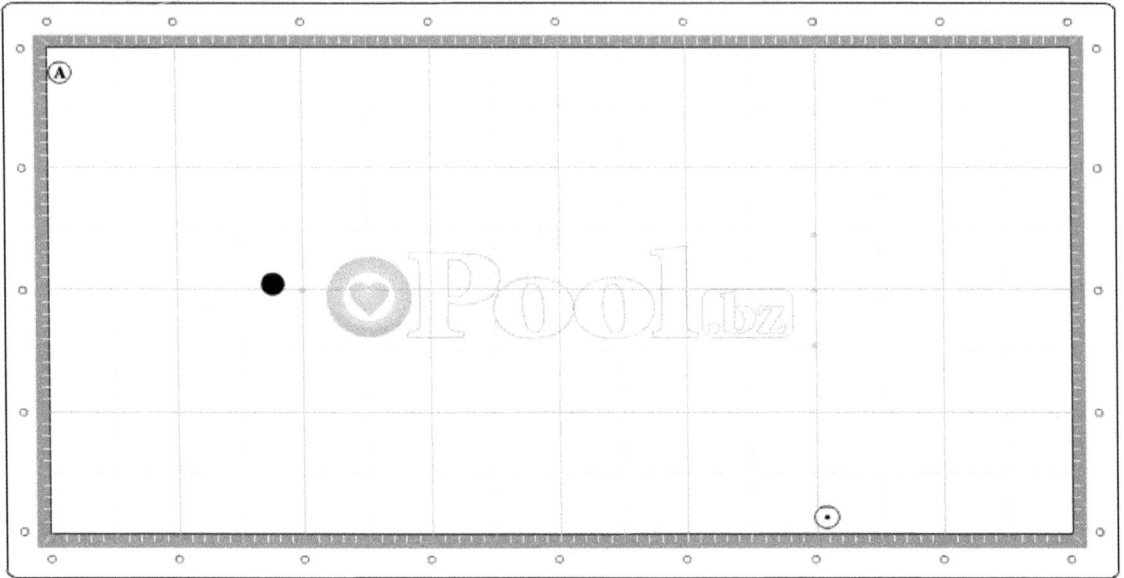

Opmerkingen en ideeën:

Schotpatroon

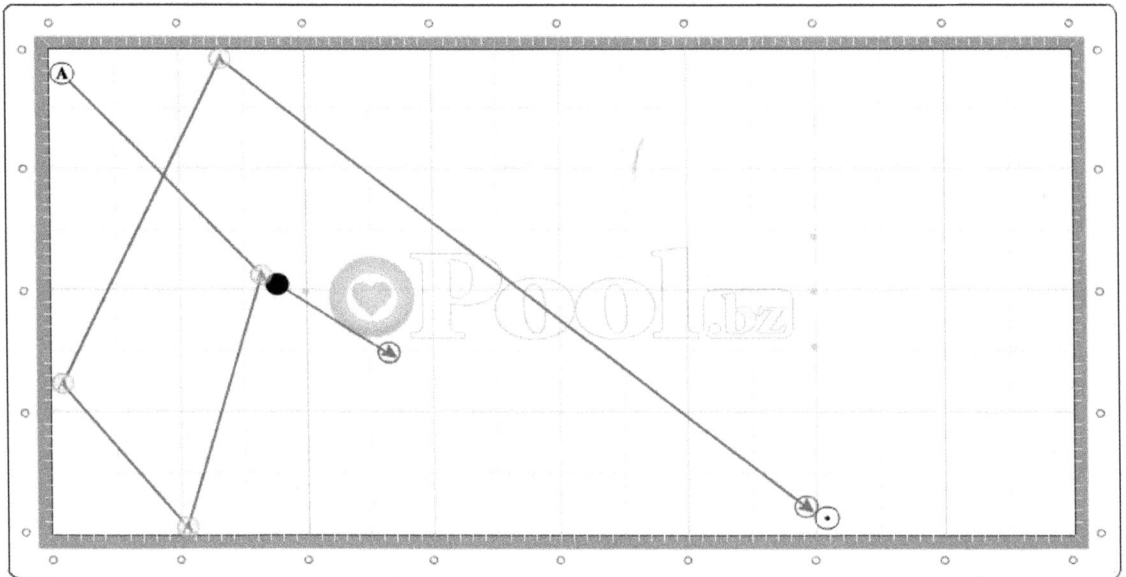

F:3d – Opstelling

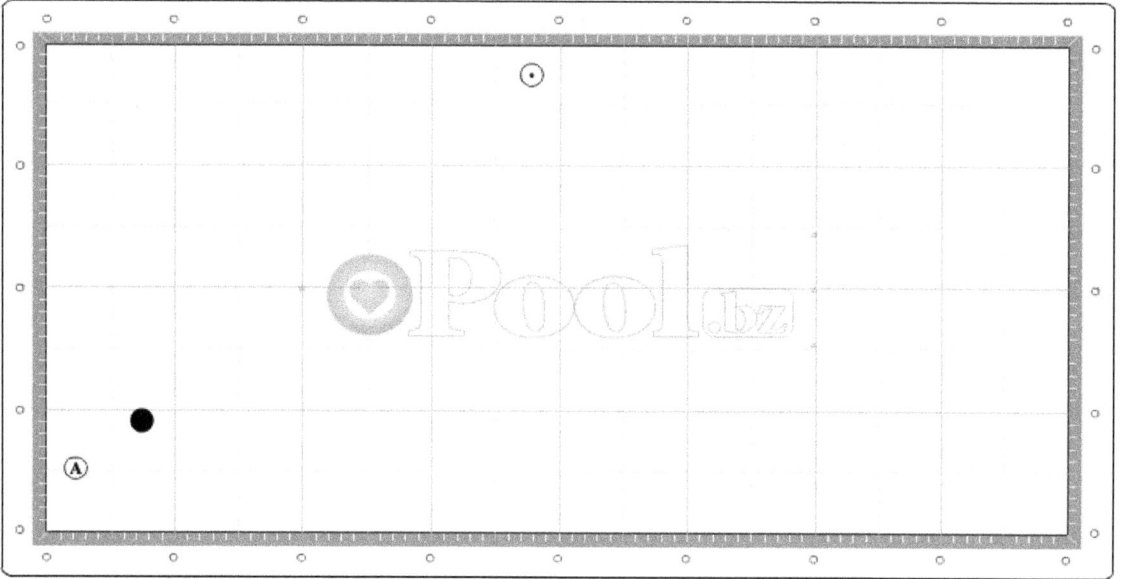

Opmerkingen en ideeën:

Schotpatroon

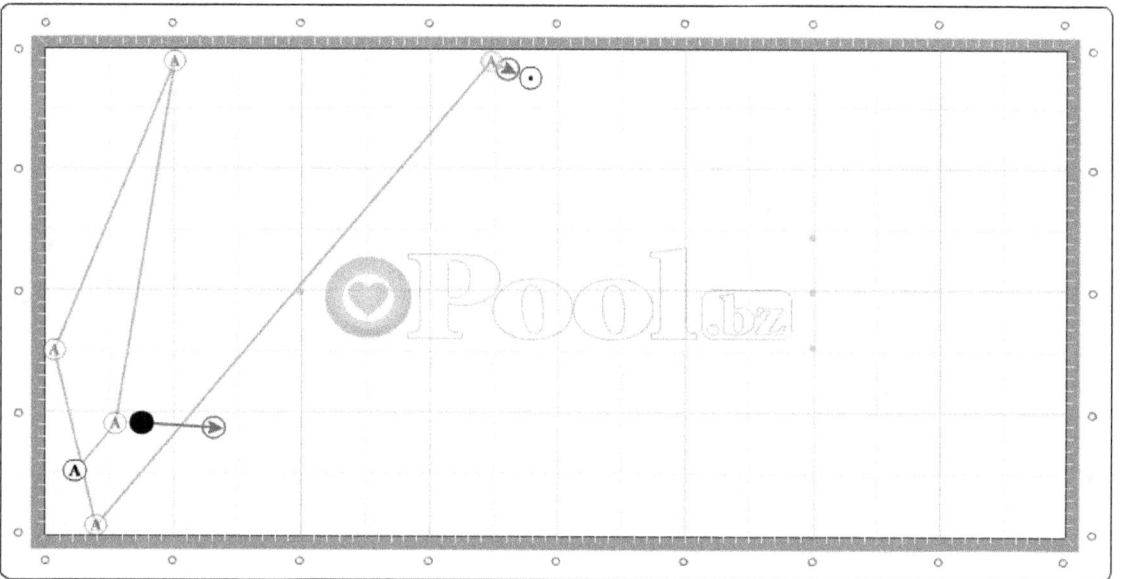

www.ingramcontent.com/pod-product-compliance
Lightning Source LLC
Chambersburg PA
CBHW062053090426
42740CB00016B/3120